ACADÉMIE IMPÉRIALE

DES SCIENCES, BELLES-LETTRES ET ARTS DE BORDEAUX.

CROIX

DE PROCESSION, DE CIMETIÈRES ET DE CARREFOURS

PAR LÉO DROUYN

MEMBRE DE L'ACADÉMIE IMPÉRIALE DES SCIENCES, BELLES-LETTRES ET ARTS DE BORDEAUX.

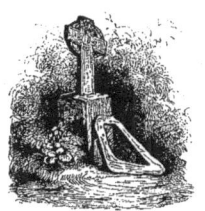

BORDEAUX
IMPRIMERIE G. GOUNOUILHOU, PLACE PUY-PAULIN, 1.

1858

CROIX

DE PROCESSION, DE CIMETIÈRES ET DE CARREFOURS

PAR LÉO DROUYN.

I

Depuis qu'on s'occupe sérieusement d'archéologie nationale, on s'est aperçu que tous les monuments ne s'étaient pas donné rendez-vous dans l'Égypte, l'Inde, la Grèce et l'Italie, mais que la France en renfermait qui ne le cèdent en rien à ceux des contrées jadis si explorées par les érudits.

Nos monuments du moyen âge ont été le sujet de travaux très-remarquables. Des hommes éminents ont fait la monographie de nos plus beaux édifices. Ces monographies passent, à bon droit, pour des chefs-d'œuvre d'art et de littérature. D'autres, plus modestes, ont fait connaître et ont décrit des monuments de second ordre, mais où se trouvent encore d'admirables beautés. Enfin, il est des archéologues plus modestes encore qui recherchent tous les monuments, grands et petits. Ces antiquaires ne sont pas plus malheureux que les autres, car des fleurs délicates se cachent souvent sous l'herbe et parmi les pierres.

Placé dans cette dernière classe d'archéologues, j'ai trouvé, en furetant dans les campagnes du Bordelais, un grand nombre de croix de procession et de cimetières qui font le sujet de cette Notice et des gravures qui l'accompagnent; heureux si l'on ne trouve pas que la lecture de mon travail est une croix d'une espèce différente de celles dont je vais faire la description.

Ces croix s'élèvent au milieu des campagnes, dans les carrefours des chemins, mais surtout dans les cimetières, dont elles sont un gracieux ornement : quelques-unes d'entre elles sont des œuvres d'art très-remarquables.

D'anciennes et de fort belles croix de procession enrichissent les sacristies de quelques pauvres églises de campagne ou les trésors des grandes cathédrales; d'autres font l'ornement des collections particulières; quelques-unes se cachent dans les vitrines obscures du Musée des Antiques de Bordeaux. J'ai trouvé des croix gravées et sculptées par un homme d'armes du moyen-âge jusque dans un corps-de-garde de la fin du XIIIe siècle.

Je donne également des croix trop petites pour être des croix de procession : elles ont dû servir de croix pectorales ou être placées sur des reliquaires, des tabernacles ou sur d'autres objets du culte. Je ne donnerai pas la nomenclature de leurs diverses formes : tous les ouvrages d'iconographie chrétienne, entre autres celui de M. l'abbé Crosnier, s'étendent assez longuement sur ce sujet.

Il serait bon aussi de faire une *Monographie de la Croix*, monographie que M. Didron a si admirablement ébauchée dans son histoire de Dieu; mais ce travail, au-dessus de mes forces, dépasserait d'ailleurs de beaucoup les limites de cette Notice. Je le laisse à plus habile que moi.

II

Croix en cuivre émaillé du Musée de Bordeaux (XIIe siècle).

PLANCHE I, N° 1 ([1]).

La plus ancienne des croix de procession que j'ai pu me procurer appartient au Musée de Bordeaux; elle est en cuivre doré et émaillé en taille d'épargne. Les carnations de la tête du Crucifix sont rendues par des couleurs nuancées : elle est inclinée sur l'épaule droite; les bras sont écartés horizontalement; les pieds séparés; le corps est nu jusqu'à la ceinture; le reste, jusqu'aux genoux, est couvert par un jupon; sur les mains sont les stigmates des clous. Les côtes, les pectoraux, les muscles des bras et des jambes, les doigts des pieds et des mains, tous les traits de la face, la barbe, les cheveux et les plis du jupon, sont parfaitement indiqués. Les cheveux, ondulés, tombent en abondance sur les épaules; la barbe, les contours des yeux, du nez et des sourcils, sont formés par de petits filets d'émail rouge; de la plaie du côté sortent deux jets de sang. La face est d'un émail rose violacé; tout le reste du nu est blanc. Le jupon est bleu indigo, avec un liseré formé de trois bandes, jaune, vert clair et vert foncé parsemée de petits points rouges. Les pieds sont cloués sur une tablette bleu d'azur parsemée de points rouges, probablement des gouttes de sang. Sur cette tablette est un objet représentant, je crois, une tige naissante. Le nimbe est polylobé sur un fond bleu de cobalt, et le polylobe est formé de trois rangs de couleurs, jaune, vert clair et vert foncé. En outre de la croix rouge du nimbe, de petits rayons de même couleur jaillissent en face de chaque lobe.

([1]) Moitié de grandeur naturelle.

Le dessin de ce crucifix, quoique incorrect au point de vue du réalisme, ne manque pas d'une certaine majesté solennelle; en un mot, il y a du style, ce qui manque à presque tous nos crucifix modernes.

Au-dessous des pieds du Christ, est une tête de mort, celle d'Adam, suivant la légende (Voir : *Légende dorée et Évangiles apocryphes*), et au-dessus de la tête, les deux inscriptions : IHS — XPS, Ιηζους Χριςτος séparées l'une de l'autre et épargnées sur un fond bleu de cobalt.

L'arbre de la croix est émaillé de trois couleurs, une large bande vert foncé encadrée par un liseré vert clair, et, au bord, un petit liseré jaune. Il faut remarquer que dans les peintures, les vitraux et les émaux du moyen âge, l'arbre de la croix est presque toujours vert. L'arbre de notre croix est parsemé de cercles simples ou polylobés formés par des filets de cuivre épargnés ; l'intérieur est rempli par des émaux de différentes couleurs ; les plus grands cercles sont formés d'une bordure blanche, puis d'une bande bleu clair, d'une bande bleu d'outre-mer, et, au centre, d'un point rouge. Les seconds en dimension n'ont pas la bande d'outre-mer, et les plus petits n'ont que du blanc et du bleu clair ; tout cela est entremêlé de petits points de cuivre épargné servant à consolider l'émail. Tout le reste de la croix, sauf un liseré blanc et bleu clair qui en fait le tour, excepté sur l'extrémité des branches, est en cuivre doré. Des trous ont été ménagés pour la fixer sur un support en bois.

Cette croix est un petit chef-d'œuvre d'agencement de couleurs.

Je la fais remonter au XII° siècle. D'abord, le dessin a bien le caractère de cette époque, et, de plus, je trouve dans la *Notice des émaux du Louvre*, par M. de La Borde, 1853, ces phrases qui auraient levé tous mes doutes si j'en avais eu :

« Figures émaillées, chairs teintées, fond de métal doré, XI° et XII° siècles.

» Figures mi-partie émaillées et épargnées, carnations blanches, fin du XII° siècle. »

Et ailleurs : « Une particularité remarquable, propre à tous les émaux de cette époque (XII° siècle), c'est un guillochage en creux qui marque toutes les tailles d'épargne, et une manière de rendre les cheveux et la barbe par un émail rouge mis dans les entailles faites au burin. »

Tout cela se rapporte bien à la croix que je viens de décrire.

III

Croix en cuivre émaillé de la collection de M. le Vte Alexis de Gourgues, à Lanquais (fin du XII° siècle ou commencement du XIII°).

PLANCHE II, n° 2 (1).

Cette croix est un peu moins grande que la précédente ; le Christ est épargné dans le métal sans aucune espèce de gravure indiquant les contours intérieurs ; mais la silhouette est d'une grande pureté de dessin. Le mouvement du crucifix est absolument semblable à celui de la croix précédente. Sur les pieds et sur les mains sont indiqués les stigmates des clous. L'arbre de la croix est également épargné ; mais son éclat, qui aurait pu nuire à celui du crucifix, a été rompu par de ravissantes arabesques gravées qui s'étendent sous le corps et sous les bras du Christ, et jusqu'aux extrémités des branches. Les pieds sont appuyés sur une tablette émaillée couverte de cercles, de croisettes et d'une tige naissante semblable à celle déjà signalée sur la tablette de la croix précédemment décrite. Le nimbe crucifère est émaillé, et ses ornements indiqués par des filets de cuivre.

L'espace compris entre l'arbre de la croix et le rebord extérieur est rempli d'émail parsemé de cercles simples ou polylobés de différentes couleurs. La silhouette de ces cercles est dessinée par des filets de cuivre épargnés. D'espace en espace apparaissent de petits points de cuivre épargnés pour consolider l'émail. L'écriteau, dans la branche supérieure, contient ces deux monogrammes : IHS — XPS. Une bande émaillée, dans laquelle sont percés des trous destinés aux clous qui fixaient la croix au bois sur lequel elle devait être appliquée, en fait tout le tour, excepté aux extrémités des branches.

Les deux croix que je viens de décrire ne sont pas complètes : elles ne représentent que la scène principale du grand drame que les orfèvres des XII° et XIII° siècles ont voulu reproduire ; on n'y voit ni la sainte Vierge, mère de douleur, debout au pied du gibet, ni saint Jean, le disciple bien-aimé, ni les attributs des évangélistes, etc. : tout cela se trouve sur la croix suivante, qui m'a été envoyée par un marchand d'antiquités de Paris, lorsque j'étais conservateur du Musée des Antiques de Bordeaux. J'ai regretté de ne pouvoir en faire l'acquisition, car notre Musée, si pauvre en objets du moyen âge, posséderait un bijou fort rare, et dont la valeur à chaque jour augmenté. Il vient d'être acquis par un amateur allemand pour un prix bien supérieur à celui qui m'avait été demandé.

IV

Croix en cuivre émaillé (XIII° siècle).

PLANCHE III.

Cette croix se compose de plaques de cuivre rouge presque toutes émaillées et clouées sur une croix de bois. Ces plaques sont au nombre de quatorze : cinq pour la face (n° 1) et neuf pour le revers (n° 2). Les plaques de la face sont toutes émaillées ; quatre de celles du revers ne le sont pas, mais sont garnies de cabochons. En sus de l'ornementation de l'émail, toutes ont des figures épargnées et gravées représentant des personnages, des animaux, etc. Sur la plaque du milieu de la face est un crucifix en cuivre repoussé. L'extrémité des branches est en forme de T. A l'extrémité de la branche inférieure est une barre de fer qui devait servir à fixer la croix sur une hampe. Une feuille d'argent, couverte d'une gracieuse arabesque repoussée, recouvre le champ du bois ; mais cette feuille d'argent paraît avoir été ajoutée vers la Renaissance.

(1) Moitié de grandeur naturelle.

Face. — Sur la plaque du milieu se trouve, comme je viens de le dire, le crucifix détaché, les bras étendus horizontalement, les mains ouvertes, la tête légèrement inclinée sur l'épaule droite; la barbe et les cheveux sur le front sont formés par des stries à peu près parallèles entre elles; les cheveux, qui tombent sur les épaules, sont divisés en trois mèches distinctes de chaque côté; les yeux, ronds, sont remplis d'émail noir, ce qui donne à la tête une expression farouche. Le torse est nu jusqu'au bas-ventre; les côtes, les seins, les muscles, le nombril, etc., sont indiqués par des traits gravés. Un jupon, maintenu par une ceinture, descend jusqu'aux genoux. La ceinture et le pli qui descend verticalement au-dessous du nœud sont ornés d'un trait gravé en zig-zag, et le bas du jupon, d'une large bande indiquée par cinq traits horizontaux, mais inégalement espacés, trois supérieurs et deux inférieurs; dans cette bande sont inscrits de petits cercles gravés. Les jambes du Christ sont nues et les pieds séparés.

Les têtes des quatre clous qui attachent les pieds et les mains sont en forme de pyramide à quatre pans et ne sont peut-être pas anciens.

Néanmoins, ce crucifix est bien contemporain de la croix; mais je n'oserais pas affirmer qu'il a été fabriqué pour elle quoiqu'il s'y adapte parfaitement. Au-dessous, dans un champ d'émail vert, se trouve, comme dans la croix de M. le vicomte de Gourgues, le dessin ou la forme plate d'un autre crucifix dont la silhouette seule est indiquée.

Le nimbe est crucifère; chaque branche est mi-parti d'émail rouge et blanc; entre chaque branche est une portion de cercle, puis un trilobe, ce qui forme trois espèces de zones concentriques : la plus rapprochée du bord est bleu clair, celle du milieu jaune et vert, et la troisième blanc et bleu clair.

Au-dessus du nimbe est l'écriteau IHS — XPC, formé de lettres rouges. Ordinairement ce dernier mot s'écrit XPS; ici l'S est remplacé par un C.

Enfin, dans la partie supérieure de la plaque, la main de Dieu, bénissant à la manière latine, sort des nuages, ce qui prouve que ces émaux n'ont de byzantin que le nom. Cette main est entourée d'émail vert avec un liseré jaune. Les nuages ont trois couleurs, jaune, vert et rouge.

Autour de l'arbre de la croix s'étend un émail bleu tout parsemé de cercles à quatre, cinq, six ou sept lobes remplis d'émail de deux couleurs, blanc et bleu, jaune et vert; d'ovales pleins ou avec des émaux de même couleur que celui des cercles. Enfin, sur le bord extérieur est un liseré de cuivre couvert de hachures en zig-zag : ce liseré entoure toutes les plaques de la face et du revers. De distance en distance, le cuivre est épargné pour donner passage aux clous qui fixent le cuivre à la croix de bois. Quelques-uns de ces clous sont anciens, et leur tête forme une pyramide à cinq ou six pans.

A chaque extrémité des bras de la croix, les plaques sont remplies d'émail bleu parsemé de cercles et d'ovales semblables à ceux de la plaque centrale : dans celle de la droite du crucifix est la sainte Vierge; dans l'autre, saint Jean. Leur tête est nimbée comme celle de tous les autres personnages de la croix; ces têtes sont en relief, rapportées et clouées au-dessus du corps, ce qui fait que quelques-unes sont dans une position impossible. Le costume de ces deux saints est uniformément composé d'une robe et d'un manteau. Les plis des vêtements et tous les détails sont gravés au trait. La sainte Vierge a les mains croisées sur la poitrine. La main droite de saint Jean est appuyée sur la poitrine, et il tient un livre dans la gauche. Saint Pierre, qui se trouve dans la plaque inférieure, tient les deux clés dans la main droite et un livre dans la gauche. La main qui tient le livre n'est pas en contact direct avec lui, mais enveloppée dans les plis du manteau, sans doute en signe de respect pour la parole de Dieu qu'il renferme. Le costume du prince des Apôtres est aussi composé d'une robe et d'un manteau. L'émail qui l'entoure est bleu, comme celui des autres plaques, et parsemé de cercles semblables. Dans la plaque du haut de la croix, également émaillée en bleu, deux anges tiennent, l'un le soleil, et l'autre la lune; ils sont dans les nuages : l'un d'eux a la main levée et ouverte; l'autre tient un livre.

Revers. — Il est formé de neuf plaques. Les quatre non émaillées sont ornées de cabochons encadrés d'arabesques gravées.

Au milieu de la croix, dans une auréole circulaire d'émail bleu clair, est le Christ, à mi-corps dans un champ d'émail bleu parsemé de petits cercles. Sa tête est entourée du nimbe crucifère; sa main droite levée bénit à la manière latine; la gauche, enveloppée dans son manteau, tient le Livre de Vie. La croix du nimbe est rouge, et le champ bleu clair entouré d'un liseré blanc. De chaque côté du nimbe sont l'A et l'Ω. Les nuages sont de même couleur que ceux du côté opposé.

Les plaques des extrémités représentent les quatre symboles des Évangélistes; tous ont les ailes éployées et la tête nimbée. L'émail qui leur sert de fond est bleu, parsemé de cercles semblables à ceux des plaques du côté opposé; seulement, près de l'aigle est un grand cercle entouré d'un liseré rouge, et de chaque côté de l'homme se trouvent deux cercles à peu près semblables.

L'aigle tient un philactère d'émail blanc; le lion et le bœuf tiennent chacun un livre d'émail rouge. L'homme sort à mi-corps des nuages, et n'a ni livre ni philactère. Le nimbe du bœuf est formé d'un champ bleu clair entouré d'un liseré jaune; celui des autres est formé d'un champ vert entouré d'un liseré jaune; mais celui de l'homme a, de plus, trois points rouges qui lui donnent un aspect crucifère.

Il me paraît évident que, dans cette croix, comme dans les autres, l'émail bleu parsemé de cercles représente le ciel étoilé.

En attribuant cette croix au XIIIᵉ siècle, je me rencontre encore avec l'opinion de M. de La Borde : « Figures dont la silhouette est épargnée dans le métal, dont les détails sont gravés en creux, se détachant sur un fond d'émail d'abord verdâtre, bleu et jaune, puis bleu d'azur éclatant. Commencement du XIIIᵉ siècle. »

V

Croix en cuivre repoussé du Musée de Bordeaux (XIIIᵉ siècle).

Planche III, n°ˢ 1 et 2.

Cette croix doit dater de la seconde moitié du XIIIᵉ siècle : elle est en cuivre repoussé, comme celle qui a été publiée par

M. Durand, notre collègue, dans le Bulletin des Comités historiques, janvier et février 1850. Le Christ qui est attaché est en bronze plein; il est couronné; ses bras sont étendus horizontalement; les deux pieds fixés avec un seul clou. C'est vers le XIIIe siècle qu'on a commencé à représenter les crucifix attachés avec trois clous. Le Christ est nu jusqu'à la ceinture; une draperie couvre les cuisses jusqu'au-dessous des genoux; les pieds sont appuyés sur une console. Le nimbe, fort grand, est une sorte d'auréole crucifère qui descend jusqu'à la ceinture.

Aux extrémités des branches de la croix, au-dessous des pieds et au-dessus de la tête du Christ, sont enchâssés des morceaux de cristal taillé. Des quatre-feuilles, un sur chaque branche, servent de cadre à quatre personnages : en haut, un ange entouré d'étoiles; à droite du Christ, la sainte Vierge; à gauche, saint Jean, tous deux entourés de roses, symbole de la virginité; en bas, Adam sortant de son tombeau. Un grènetis et des feuillages ornent les parties nues de la croix.

Le revers est aussi intéressant et surtout plus élégant que la face. Au milieu de la croix, un cercle encadre un quatre-feuille à lobes ogivaux renfermant l'agneau symbolique, la tête entourée du nimbe crucifère, portant la croix triomphale ornée de son étendard à trois flammes, sur lequel est gravée une petite croix à branches égales; deux étoiles brillent à côté de l'étendard.

Sur les branches, des quatre-feuilles encadrent les Evangélistes, également sous leur forme symbolique : en haut l'aigle, à droite de l'agneau le lion, à gauche le bœuf, en bas l'homme, tous nimbés. De larges feuilles ornent les parties nues de la croix, qui est entourée d'un grènetis repoussé. Des ouvertures allongées, percées à l'extrémité de chaque branche, étaient probablement destinées à contenir des reliques.

Les clous qui servent à fixer les feuilles de cuivre au bois sont en cuivre, et presque tous de l'époque du reste du travail, qui, sauf le crucifix, est fait au repoussé, retouché dans certaines parties au burin. Le fond des quatre-feuilles a été complétement enlevé, de sorte que les figures paraissent découpées, et pour qu'elles ne se détachent pas sur le bois, on a fait glisser au-dessous une feuille de cuivre. Ces quatre lobes et les figures qu'ils renferment font partie de la feuille de cuivre qui s'étend sur le reste de la branche; mais l'auréole du crucifix et l'agneau ont été rapportés; cependant, ils sont de la même époque et, dans tous les cas, ne rompent nullement l'harmonie générale.

Le champ est couvert de feuilles de cuivre ornées de traits formant des losanges.

Cette croix a été jadis dorée.

VI

Croix pectorale en cuivre de la collection de M. le Vte Alexis de Gourgues, à Lanquais (XIIIe siècle).

PLANCHE IV, n° 5.

Charmante petite croix en cuivre autrefois dorée; elle a été trouvée dans les fouilles nécessitées pour la restauration de l'église de Saint-Front de Périgueux. J'ai représenté par un simple trait les portions qui n'existent plus dans l'original.

Tous les ornements de la face et du revers, composés de gracieuses arabesques, sont gravés au moyen d'un double trait parallèle et tremblé. A l'intersection, un cercle renferme le monogramme usité : IHS. La face est couverte par un crucifix que j'ai supprimé, parce qu'il me paraît bien plus moderne et qu'il est d'une affreuse laideur.

La dimension de ce bijou m'a fait supposer que c'était une croix pectorale; et si je la donne ici, c'est à cause de la rareté de ces sortes d'objets.

VII

Croix trouvées dans la Porte des Tours, à Dôme (Dordogne), sculptures d'un homme d'armes du XIIIe siècle.

PLANCHE V.

Il résulte d'une fort intéressante notice de M. Maurice Ardent, insérée dans le *Chroniqueur du Périgord et du Limousin*, 2e année, que la ville de Dôme a été bâtie en 1284 par Philippe le Hardi, qui voulut faire du mont Dôme une place de guerre capable de résister aux attaques des Anglais, alors possesseurs de la Guienne.

Il n'entre pas dans mon sujet de faire la description de la ville et des deux châteaux qui la protègent; je me contenterai de parler de la porte *des Tours* et des curieuses sculptures qu'elles renferment.

La porte des Tours, qui est au levant de la ville, ressemble beaucoup à celles que l'on construisait partout à la fin du XIIIe siècle; le plan (planche 5) en indique la disposition. Elle n'est remarquable que par l'appareil en bossage des deux tours semi-circulaires qui la flanquent à droite et à gauche, appareil qu'on rencontre aux remparts d'Aygues-Mortes, sur quelques tours de l'enceinte de la cité de Carcassonne, sur les soubassements de la tour de Saint-Pierre de Luxembourg; à Ligny, sur Ornain, etc.

Ces tours devaient servir de corps-de-garde aux hommes d'armes qui surveillaient les abords de la porte; elles étaient voûtées d'arêtes, munies de meurtrières, dont trois donnent extérieurement et une dans le passage entre la herse et la porte intérieure. Une cheminée chauffait chaque tour, et un escalier à vis conduisait dans l'étage supérieur.

Mais ce qui m'a amené à parler de la ville de Dôme et surtout de ces tours, ce sont les gravures et sculptures curieuses qu'elles renferment, et que nous découvrîmes, M. Alexis de Gourgues et moi, dans une de nos excursions dans cette partie du Périgord. Les sculptures qui se trouvent dans les cachots de Gisors ont, dit-on, été faites par un prisonnier ([1]); il est assez probable que celles qui nous occupent ici sont au contraire l'œuvre d'un homme d'armes, qui, doué du sentiment artistique

---

([1]) J'ai trouvé dans le cachot du château de Cazeneuve, sur le Ciron, près Bazas, des gravures creusées évidemment par un prisonnier; elles représentaient des navires; tous les marins qui les montent m'ont paru avoir des têtes de mort.

a charmé et raccourci ses longues heures de faction en traçant ou en sculptant sur les murailles, au simple trait, des croix de toutes les formes, de gracieuses tiges de rosier parsemées d'oiseaux et de croix, des crucifix, un écusson couvert de trois fleurs de lis et d'une croix, un évêque, puis un tableau entier qui s'étend sur deux assises. Dessus l'assise inférieure, il a représenté quatre personnages debout et de face : Notre-Seigneur tenant la boule du monde, et reconnaissable à son nimbe crucifère ; à sa droite est un personnage que nous ne pouvons reconnaître ; mais nous croyons voir à sa gauche saint Louis, roi de France ; il tient un globe dans la main gauche, un sceptre surmonté d'une fleur de lis dans la droite, sa tête est couronnée ; à côté de saint Louis, saint Pierre, avec ses doubles clés. Dans l'assise supérieure, le soleil, la lune, les étoiles et deux anges dont l'un joue du violon et l'autre d'un instrument que je n'ai pu reconnaître. Je crois voir dans ce tableau l'apothéose de saint Louis. En sculpture, le soldat-artiste a fait de véritables bas-reliefs ; on n'y voit que des crucifix, la sainte Vierge avec l'enfant Jésus, et des saint Pierre. Les crucifix sont très-soignés.

Quelques-unes des sculptures, surtout dans la tour du nord, nous ont paru l'œuvre d'un imitateur évidemment bien moins adroit, moins imbu des mêmes idées. Il y a également des inscriptions assez longues que malheureusement nous n'avons pu déchiffrer ; cependant, nous avons lu dans l'escalier de la tour du sud le nom de PETEIROT, qui pourrait bien être celui du soldat-artiste, ce qui nous expliquerait pourquoi dans ces gravures saint Pierre est plusieurs fois représenté.

Puisque j'essaie de faire, par ordre chronologique, la description des croix que je donne dans cette Notice, il est nécessaire que je recherche à quelle époque remontent ces sculptures entremêlées de tant de croix. La ville de Dôme ayant été construite par Philippe le Hardi, il est évident qu'elles ne peuvent pas être antérieures à la fin du XIIIe siècle, et leur caractère s'oppose à ce qu'elles soient postérieures à l'ère ogivale. Je crois qu'il faut mettre aussi de côté le XVe siècle ; car, à cette époque, le Christ n'était attaché sur la croix qu'au moyen de trois clous, et ici il est toujours représenté les jambes parallèles avec deux clous pour les pieds, et d'ailleurs la tige de rosier dont j'ai parlé est faite avec une ampleur de style qui n'existait déjà plus au XVe siècle. Je crois donc que ces sculptures ont été faites peu de temps après la construction des tours, vers la fin du XIIIe siècle, par un pieux guerrier nommé *Peteirot*, qui avait suivi saint Louis dans ses croisades ; que, poussé par cette foi robuste qui l'avait entraîné au-delà des mers contre les infidèles, il a tracé sur les murs de son corps-de-garde les images de Dieu, de la sainte Vierge et de son patron ; et que plein de vénération pour son roi, il l'a représenté dans le ciel, peut-être même avant la canonisation officielle, qui eut lieu en 1297, entre Jésus-Christ et saint Pierre, qui est le saint qu'il devait le plus honorer.

M. de Gourgues et moi n'avons pas hésité un instant à assigner à ces sculptures cette date reculée.

VIII

Croix en cuivre doré du Musée de Bordeaux (XIVe siècle).

PLANCHE IV, n°s 3 et 4.

Cette croix, en cuivre rouge, est formée d'une simple planche de cuivre de 0^{m}002 d'épaisseur ; elle est terminée inférieurement par une gouge qui servait à la maintenir à l'extrémité d'une hampe, ou peut-être au-dessus d'un tabernacle ou d'un prie-Dieu, car elle me paraît bien petite pour une croix de procession.

Des deux côtés sont gravées des arabesques qui dénotent le XIVe siècle. Au milieu de la face s'avance un petit reliquaire quadrilobé, fermé au moyen d'un couvercle de même forme retenu par une charnière. Sur le couvercle est gravée une main bénissant à la manière latine. Près de l'extrémité de chaque branche est un cabochon : ceux des bras sont en verre blanc sur paillon ; les deux autres, en verre bleu.

Sur le milieu du revers est gravée une fleur de lis encadrée dans un quatre-feuilles à lobes ogivaux, et entourée de fleurs ou d'étoiles.

De nombreuses traces de dorure existent encore sur la croix.

IX

Croix fleurdelisée en cuivre doré de la collection de M. Souriaux, à Bordeaux (XIVe siècle).

PLANCHE IV, n°s 1 et 2.

C'est une croix latine fleurdelisée, taillée dans une planche de cuivre, épaisse, dans certains endroits, de 0^{m}002, et dans d'autres, de 0^{m}003.

Près de la fleur de lis qui termine chaque branche, existent des évasements semi-circulaires qui servent à appliquer, d'un côté des statuettes et des cabochons, et de l'autre les symboles des Évangélistes. L'intersection est formée par un grand cercle ; les ornements sont gravés au burin, et sur la face antérieure sont fixées, au moyen de clous, d'affreuses figurines repoussées et burinées, représentant : au milieu, un crucifix ayant à sa droite la sainte Vierge, et à sa gauche saint Jean. Les places vides de deux autres figurines se voient en haut et en bas de la croix, au milieu de deux fleurs de lis qui terminent la tige verticale. Sur les fleurs de lis qui terminent les bras, et au bas de celle du haut, sont les montures vides des cabochons ; un quatrième ornait le pied de la croix ; on ne voit plus que le trou qui a servi à le fixer. Au-dessus de la tête du Christ est un écriteau avec les lettres IhS creusées dans le cuivre et remplies d'émail rouge. C'est la seule partie émaillée de cette croix.

Le Christ est attaché, au moyen de trois clous, sur l'arbre, dont les contours seuls sont gravés au burin ; il représente un tronc brut dont on n'a fait qu'élaguer les branches. Çà et là, à côté de l'arbre, partout où la place s'est trouvée assez large, sont gravés des quatre-feuilles. Les branches sont encadrées par un liseré uni, et le fond sur lequel s'enlèvent toutes ces gravures est rempli par un pointillé.

Le revers est plus harmonieux que la face. Sur le cercle de l'intersection est l'agneau symbolique, au nimbe crucifère, portant une croix triomphale, et entouré d'étoiles. Sur les branches sont assez grossièrement gravés, à mi-corps, les symboles des Évangélistes, nimbés et ailés. Les arabesques sont d'un meilleur goût. Les fonds sont couverts d'un grènetis gravé.

Somme toute, cette croix, très-jolie de forme, est fort laide comme dessin et gravure.

X

Croix tréflée en argent repoussé de la collection de M. le Vte Alexis de Gourgues, à Lanquais (XVe siècle).

Planche III, n° 3.

Cette croix, malheureusement fort dégradée, est, malgré cela, d'une admirable beauté. Les branches sont d'inégale longueur : le pied est plus long que le sommet, et celui-ci plus long que les deux bras, qui sont égaux.

Elle se compose de feuilles d'argent couvertes d'ornements faits au repoussé et clouées sur une croix de bois. Sur les feuilles qui couvrent le milieu des branches se développe une élégante arabesque : c'est une tige portant des feuilles lancéolées et des fleurs à six pétales. Les feuilles qui couvrent les extrémités sont taillées en quatre lobes renfermant des personnages encadrés par une guirlande de feuilles et de fleurs. Un grènetis couvre le fond de toute cette ornementation, et la fait valoir en rompant l'éclat du métal.

Sur le milieu de la face est un crucifix, malheureusement fort mal dessiné, les bras étendus horizontalement, les pieds croisés, les reins enveloppés par une simple draperie, la tête coiffée par une torsade figurant sans doute la couronne d'épines. Il n'y a pas de nimbe ; mais il est fort probable que ce nimbe, qui a disparu, était tracé sur une feuille de métal clouée sur la croix. Nous en verrons des exemples dans des croix décrites plus loin. Il ne reste plus de l'inscription INRI que les deux lettres du milieu.

A la droite du crucifix est la sainte Vierge ; à gauche, saint Jean, tous deux à mi-corps, dans l'attitude de la douleur, et enveloppés dans de larges draperies. La chevelure de saint Jean est abondante et très-ondulée. En haut, saint Sébastien ; en bas, saint Pierre. Ces deux figures, repoussées dans des feuilles d'argent sans ornement, sont évidemment postérieures au reste de la croix.

Sur le revers, les branches de la croix sont recouvertes par des lames d'argent repoussées sur la même matrice que celles de la face. Les bas reliefs des extrémités, encadrés de la même manière que ceux du côté opposé, représentent les Évangélistes assis et écrivant (N°s 4, 5, 6) : d'une main ils tiennent la plume, et de l'autre le grattoir ; leur nom est écrit à côté d'eux ; le nom de saint Mathieu a été enlevé ; leur tête est ornée de longs cheveux ondulés et n'est pas nimbée ; saint Luc est assis sur un fauteuil ; saint Jean et saint Marc, sur un banc. Les pupitres sur lesquels écrivent saint Luc et saint Marc sont de simples tiges à extrémités recourbées en double crosse ; celui de saint Jean est plus massif et ressemble quelque peu au dossier du fauteuil de saint Luc.

Chaque Évangéliste était accompagné de son symbole. On voit très-bien encore le lion issant au-dessus de la tête de saint Marc.

XI

Croix fleurdelisée en argent repoussé appartenant à l'église de Carlipa, département de l'Aude (XVe siècle).

Planche VI.

Cette croix est une des plus belles que je connaisse ; elle est formée de diverses feuilles d'argent dorées en certains endroits et clouées sur une croix de bois. Les trois branches supérieures sont à peu près de même dimension, sauf celle du haut, qui est légèrement plus longue. Le pied est d'un tiers environ plus long que les autres branches.

Chaque branche est formée, de chaque côté, de deux feuilles d'argent : une pour la fleur de lis, l'autre pour le pied ; il y a, de plus, quatre feuilles d'argent en forme de quatre lobes, et à l'intersection une feuille de forme carrée. Sur la face est un crucifix d'argent en ronde-bosse et détaché de la croix ; au-dessus de sa tête est l'écriteau sur une plaque de même métal et au-dessous des pieds un reliquaire.

Cette croix s'élève au-dessus d'un socle prismatique hexaèdre, terminé par des pyramides à six faces. La gouge s'attache à la pyramide inférieure. Le champ est recouvert de feuilles d'argent, avec des ornements divers.

Toutes les feuilles sont illustrées d'arabesques et de figures faites au repoussé, et probablement au moyen d'une matrice qui a dû servir à fabriquer un grand nombre de croix semblables. L'ornement des branches et des extrémités est une sorte de pampre ayant le même caractère, mais de deux dessins différents, un pour le milieu et l'autre pour les bouts. Les quatre feuilles et les plaques du milieu renferment des figures dont les fonds, ainsi que ceux des pampres, sont remplis par un grènetis dans lequel la lumière se joue fort agréablement.

Le crucifix de la face n'offre aucune particularité comme œuvre d'art ; il ressemble à celui de la croix précédente : c'est une mauvaise sculpture. Le nimbe crucifère est dessiné sur une large feuille d'argent placée derrière la tête. Dans les quatre feuilles de droite est la sainte Vierge ; à gauche, saint Jean ; dans celui du haut, un pélican qui se perce la poitrine ; dans celui du bas, un ange tenant un phylactère. Je dirai plus bas quelle place il devait primitivement occuper. Entre ce dernier bas-relief et les pieds du crucifix est un reliquaire renfermant un morceau d'étoffe.

Ce reliquaire mérite une mention particulière. Le bois de la croix a été creusé ; dans ce creux a été fixé le morceau d'étoffe recouvert par une croix de cuivre, sur laquelle on a épargné une inscription et niellé les creux. Cette inscription, en lettres gothiques, est très difficile à déchiffrer ; voici ce que j'ai cru y lire : NO(men) C(hr)IST(i) BENE.·.DICT(um) disposé de cette façon :

```
        NO
CIST        BE
   NE ∴ DICT
```

Au milieu de cette croix, on a ménagé une ouverture cruciforme laissant voir la relique ; une perle a été placée dans chaque angle des bras de la croix ; une de ces perles n'existe plus. Cette croix, niellée, est elle-même renfermée sous une feuille d'argent, dans laquelle on a aussi ménagé une ouverture cruciforme arrondie dans les angles, de manière à permettre d'apercevoir l'inscription et les perles ; enfin, un morceau de verre fort mal coupé et verdâtre recouvre le tout : ce vitrage est maintenu par un encadrement en forme de losange entouré d'une torsade.

Au milieu du revers de la croix, sur la feuille carrée, est assis Dieu le Père dans une auréole circulaire ; il bénit de la main droite, et tient dans la gauche la boule du monde ; un nimbe crucifère orne sa tête ; de longs cheveux couvrent ses épaules, et le costume, composé d'une robe et d'un manteau, est très-ample. Dans les quatre-feuilles sont les symboles des Évangélistes, excepté en bas, où se trouve sainte Magdelaine. Sur presque toutes les feuilles d'argent de la face et du revers, et sur le Christ, est frappée une estampille ou poinçon formée de deux lettres gothiques D et P ; un autre poinçon renferme un M ; et enfin, sur le nimbe du crucifix, se trouve une troisième marque de la même époque, composée, je crois, d'un C et d'un M surmontés d'une fleur de lis accotée de deux petits cercles et surmontant une fleur composée de quatre pétales pointues.

Les feuilles du champ sont couvertes de trois dessins différents : 1° des losanges allongés renfermant de petits cercles ; 2° des cercles placés diagonalement dans lesquels il y a des fleurs de lis ; 3° des cercles dans lesquels sont inscrits quatre arcs de cercle formant des espèces de feuilles pointues aux deux extrémités, et laissant au centre un intervalle carré à côtés courbes.

Le socle est surmonté de nombreuses moulures formant corniche ; les angles sont empâtés de contre-forts saillants surmontés de clochetons. Au milieu des faces de l'hexagone s'avance une petite statuette recouverte d'un arc à accolade. Ces statuettes, répétées trois fois chacune, représentent saint Pierre et saint Paul, patrons de l'église. Les moulures de la gouge ont le même caractère que celles du socle.

Par sa forme générale, le dessin des arabesques et celui des feuilles qui recouvrent le champ, on devrait faire remonter cette croix jusqu'au XIII° siècle ; par le caractère des figures, des lettres, des poinçons, du socle, du reliquaire, elle pourrait appartenir au XV° ; enfin, par quelques feuilles d'argent recouvrant le champ et l'extrémité inférieure du pied, on pourrait la faire descendre jusqu'à la Renaissance, d'autant plus qu'à cette époque, la forme générale était la même qu'aux époques antérieures. En supposant que la croix, ce qui me paraît probable, n'aurait été faite qu'au XV° siècle, certaines matrices gravées au XIII° siècle pouvaient encore exister et servir à repousser des croix au XV°, que l'on contrôlait avant de les livrer aux acquéreurs. Il ne serait pas étonnant alors que quelques parties eussent le caractère d'une époque plus ancienne. Je ne la crois pas plus moderne que le XV° siècle, et si des portions sont d'une époque plus rapprochée de nous, elles ne peuvent y avoir été placées que par le fait d'une restauration. Elle a, d'ailleurs, été restaurée il n'y a pas longtemps. Le bois se trouvant pourri, on en fit refaire un neuf, et un chaudronnier, je crois, fut chargé de reclouer les feuilles d'argent et de resouder la croix au socle. Dieu sait comment ce travail, qui exigeait beaucoup d'intelligence et d'adresse, a été fait ! La soudure est d'une grossièreté déplorable, et presque tous les clous d'argent ont disparu pour être remplacés par des pointes de fer. C'est peut-être alors qu'on a mis sainte Magdelaine à la place de l'homme symbole de saint Mathieu, et celui-ci, aux pieds du crucifix, place que doit occuper sainte Magdelaine (je les ai rétablis à leur place dans ma gravure), et de plus, qu'on a tourné l'aigle la tête en bas.

Malgré ces malheureuses retouches, c'est une pièce d'orfèvrerie fort remarquable, et peu de cathédrales en France font précéder leurs cérémonies d'une croix aussi précieuse que celle de la pauvre église de Carlipa.

XII

Croix fleurdelisée en cuivre repoussé de la collection de M. Guillaume de Castelnau (XVI° siècle).

Planche VII, n° 1.

Comme forme générale, cette croix ressemble à la précédente. Les branches sont d'égales dimensions. Le pied entre dans une gouge dont la partie supérieure est en forme de boule.

Six matrices ont suffi pour l'ornement de toute la croix : une pour les branches, une pour le carré de l'intersection, une pour le champ, et trois pour les symboles des Évangélistes, car on n'a pas fait d'homme, mais on a répété l'aigle deux fois. Les branches sont ornées de délicates arabesques, puis d'un quatre-feuilles enveloppant un cercle dans chacun desquels est repoussé un symbole des Évangélistes ; ce cercle n'adhère pas à la feuille de cuivre qui l'encadre, mais y a simplement été cloué, et recouvre ainsi un autre cercle sur lequel est repoussée une croix fleurdelisée. L'intersection est couverte d'une feuille de cuivre ayant un encadrement carré, couvert des mêmes moulures que celles qui encadrent les feuilles de cuivre des branches. Ce sont des filets et des perles. Ce carré circonscrit un cercle enveloppant une croix patée, cantonée de rayons terminés par trois petites perles posées en trèfle. Les tympans sont remplis par des feuilles striées.

Les ornements de la face sont les mêmes que ceux du revers. Les symboles des Évangélistes sont placés de la même façon à deux aigles, l'un en haut, l'autre en bas ; le lion à droite du Christ, le bœuf à gauche.

Toutes les feuilles de cuivre sont fixées sur le bois au moyen de clous en cuivre de deux sortes, et qui paraissent anciens. Les unes ont la tête simplement ronde, et les autres ont huit ou neuf petites têtes au lieu d'une, et forment ainsi de charmants fleurons. J'en ai gravé un de grandeur naturelle. Le champ est couvert par une feuille ornée de lignes se croisant de manière à former des losanges remplis par une fleur de lis alternant avec des fleurons de deux espèces.

Le Christ est, contre l'ordinaire, assez bien fait; il est attaché par trois clous à têtes pyramidales. Une simple draperie nouée enveloppe ses reins, et un nimbe crucifère, se détachant complétement de la croix, est cloué sur le derrière de la tête. L'écriteau porte des lettres romaines.

Sur le revers, la sainte Vierge, debout sur une console, porte l'enfant Jésus.

Quoique dégradée, cette croix est très-précieuse en ce qu'aucune restauration n'est venue en altérer le caractère. Elle a dû être dorée, mais il n'en reste plus de traces.

XIII

Croix fleurdelisée en cuivre repoussé dans l'église de Montagrier (Dordogne) (XVIe siècle).

PLANCHE VII, n° 2.

Dans l'église de Montagrier (Dordogne), existe ou plutôt existait en 1847 (elle a, m'a-t-on dit, disparu depuis) une croix de procession dont la forme générale est, à peu de chose près, semblable à celle de la précédente. Les quatre-feuilles inscrivent un cercle renfermant une croix. Des arabesques d'un très-bon goût couvrent les quatre branches et se répètent exactement sur les deux faces. Un grènetis suit toutes les sinuosités et encadre en outre les quatre-feuilles. Tous ces ornements, faits au repoussé, décèlent le commencement de la Renaissance. D'un côté est un crucifix en cuivre, ayant exactement le même mouvement que celui de la croix de M. de Castelnau, mais moins correct de dessin. De l'autre côté est une statue de la sainte Vierge debout et portant dans ses bras l'enfant Jésus. Ces deux statuettes sont fixées à la croix au moyen de clous en cuivre.

Je n'ai gravé que les détails d'une branche, les autres étant parfaitement semblables.

Il est facile de voir, par les descriptions et les gravures des sept dernières croix que je viens de faire passer sous les yeux de ceux qui ont eu la patience de me lire, qu'à partir du XIIIe siècle on avait adopté, pour la forme des croix, certains types consacrés dont on s'écartait fort peu. Les extrémités des branches étaient tréflées ou fleurdelisées; cette dernière forme était la plus usitée. Sur les branches étaient réservées des places pour des bas-reliefs, dont les sujets étaient presque toujours les mêmes. Généralement les deux bras étaient d'égale longueur; la tige du haut un peu plus longue que les bras, et le pied plus long que le sommet. Lorsqu'on abandonna l'usage des croix émaillées, provenant presque toutes de Limoges, et qui devaient être d'un prix assez élevé, les orfèvres se mirent à faire des croix formées d'une simple planche de cuivre, sur laquelle ils gravèrent les ornements sans employer d'émail. Ils remplacèrent l'éclat des émaux en enrichissant leurs croix de cabochons, qui n'exigeaient pas, pour être sertis, une manipulation longue, difficile et dispendieuse comme l'émaillure.

En même temps, d'autres orfèvres fabriquaient des matrices au moyen desquelles on pouvait faire, vite et à bon marché, en employant, au lieu d'artistes, des ouvriers adroits, des croix fort belles en cuivre, en argent et en or.

Il est probable que les matrices faites dans les XIIIe et XIVe siècles ont pu servir fort longtemps, et des croix vendues e faites pendant le XVe siècle peuvent fort bien avoir le caractère de celles du siècle précédent.

A la Renaissance, on fit des quantités d'autres matrices. On conserva cependant alors les formes générales usitées pendan les siècles antérieurs; mais les arabesques ont un caractère bien différent, et qu'il est aisé de reconnaître.

Les croix de cette dernière époque sont très-nombreuses. J'en ai vu dans presque toutes les collections.

XIV

CROIX DE CIMETIÈRES ET DE CARREFOURS.

L'ancienne Guyenne est fort riche en croix de cimetières. Plus modestes que ces calvaires de la Renaissance si commun en Bretagne, et où sont sculptées des statues grandes comme nature, nos croix n'en sont pas moins des monuments for intéressants.

Pour faire entrer dans mon travail un plus grand nombre de ces petits monuments, j'ai été obligé d'en grouper plusieur dans la même planche.

Je ne connais pas dans le Bordelais de croix de cimetière ou de carrefour antérieures au XVe siècle; aucune ne m'a ét signalée et je ne crois pas qu'il y en ait; mais j'ai trouvé deux monuments antérieurs à cette époque, qui sont surmonté d'une croix, et que j'ai classés parmi les croix, ne connaissant pas de nom qui leur convienne mieux.

XV

Croix de Barbot et de Georget (XIVe siècle).

PLANCHE IX, nos 1 et 2.

Ces deux petits monuments se trouvent dans le canton de Saint-Macaire (Gironde), tous deux à l'embranchement de tro chemins, le premier (n° 1), sur les limites des communes de Saint-Germain et de Saint-Martial; le second (n° 2), sur celles d Saint-Martial et de Saint-Laurent. Ils sont assez voisins l'un de l'autre, et ont évidemment été construits à la même époqu et peut-être par le même ouvrier. Ils se composent d'un mur épais de 0m70 environ, large de 2 mètres, et haut de à 3m50. Vers le milieu de la hauteur, est percée une arcade ogivale sans pied droit, et dans laquelle on pourrait inscrire u triangle à peu près équilatéral. L'amortissement du mur, dont la pointe a été démolie, paraît, d'après la coupe de quelqu pierres du cintre primitif, avoir eu la forme ogivale. Celui de Georget est surmonté d'une croix moderne; l'autre est plus rui et couvert de lierre. Le fond de l'arcade est bouché par des dalles très-minces. Je ne sais si cette fermeture est ancienne. L'intrados a été orné de peintures presque entièrement effacées et d'inscriptions illisibles.

Tout l'appareil du monument de Barbot est très-grand et très-beau ; celui de Georget est en moellon, sauf les bords de l'arcade et tout le contour de la muraille, qui est en grand appareil. Sur les pierres de ce dernier, on trouve quelques marques de tacherons.

Ces sortes de monuments sont, je crois, très rares : je n'en connais pas d'autre dans le département de la Gironde. On m'a assuré qu'il en existait en Limousin. Je possède une eau-forte de Heimlich, dans laquelle est un monument semblable.

L'arcade dont ils sont percés devait servir à déposer les offrandes les jours des Rogations.

L'appareil des monuments et la forme des arcades ont tous les caractères du XIVe siècle.

XVI
Croix de la place Saint-Projet, à Bordeaux (XVe siècle).
PLANCHE VIII, n° 1.

La croix de cimetière qui me paraît la plus ancienne est celle qui s'élève à Bordeaux au milieu de la place Saint-Projet. Ce lieu a-t-il toujours été une *place*, comme l'affirme Bernadeau dans le *Viographe bordelais* ? Je suis porté à le croire, malgré les assertions de cet auteur, qui appelle cette croix « *un curieux obélisque... qui a remplacé une halle construite en 1594, et qui n'existe plus* », que cette place était jadis un cimetière qui peut avoir été remplacé, en 1594, par un marché, et que, par conséquent, « *ce curieux obélisque, de la hauteur de 4 mètres, d'une seule pierre, sculpté en forme de campanile gothique et surmonté d'une croix* », est, en effet, une croix de cimetière de la fin du XVe siècle, antérieure et non postérieure à la halle de la fin du XVIe.

Une plinthe carrée, surmontée d'un socle de même forme passant à l'octogone, sert de base au fût de la croix. Ce fût est entouré de quatre pilastres, espèces de contre-forts surmontés de clochetons, et réunis au milieu par des arcs à contre-courbure, dont l'extrados est couvert de choux frisés, et l'intrados polylobé : ces arcs servent de dais à quatre charmantes statuettes. Les pieds de ces figures reposent sur des pilastres hexagones à demi engagés s'élevant entre les contre-forts, et couverts d'ornements flamboyants. Chacun des membres verticaux de l'architecture a sa base particulière, ce qui rend les monuments de cette époque si compliqués. Au-dessus des dais, le fût octogone s'élève en se rétrécissant jusqu'à la corniche, taillée en larmier. La face du fût qui est au-dessus des pilastres est couverte par les clochetons de ces pilastres ; l'autre est nue.

Les quatre statuettes sont très-belles.

A l'ouest, c'est un évêque crossé et mitré. La crosse est brisée. Il tient à la main droite une palme, attribut des martyrs. Sans nimbe.

Au sud est un autre évêque qui a les deux mains brisées. Sans nimbe.

A l'est est une charmante statuette nimbée ; elle a l'air d'un apôtre ; mais les attributs n'existent plus.

Au nord, un jeune homme à longs cheveux : c'est peut-être saint Jean. Sans nimbe.

Les draperies de toutes ces figures sont admirablement faites. Il est probable que ce petit monument a été érigé par le même artiste à qui Saint-Seurin doit le magnifique siège abbatial que j'ai gravé dans mes *Types* de l'architecture au moyen âge dans la Gironde, et que M. Viollet-le-Duc a donné dans son *Dictionnaire d'Architecture*, vol. II, p. 418 : c'est le même faire, la même élégance, le même dessin.

La croix proprement dite est moderne et mal orientée. Toutes les croix que je connais ont les bras tournés nord-sud, de manière à ce que les personnages qui y sont ordinairement sculptés soient tournés, les uns vers l'orient, et les autres vers l'occident : c'est la même orientation que celle des églises.

XVII
Croix du cimetière de Marcillac, canton de Saint-Ciers-Lalande (Gironde) (XVe siècle).
PLANCHE X, n° 1.

Cette croix me paraît de la même époque que celle de Saint-Projet ; peut-être même a-t-elle été faite par le même sculpteur : on y trouve le même style, et surtout le même dessin dans les figures dont elle est ornée. Elle s'élève dans le cimetière de Marcillac, devant la porte de l'église.

Quoique mutilée et incomplète, je la considère, à cause de ses heureuses proportions, le nombre et la beauté de ses sculptures, comme la plus belle du département de la Gironde. Les statuettes dont elle est ornée sont encore au nombre de douze.

Elle a la forme d'une colonne carrée, avec bases, socle et marches ; les angles sont empâtés de contre-forts ou pilastres carrés ; elle est divisée en sept parties horizontales ou étages diminuant de diamètre au fur et à mesure qu'ils s'élèvent. A commencer par le bas, le premier étage est formé par une marche moderne et fort mal restaurée : il faut supposer que les autres marches existent sous le sol, comme cela arrive pour beaucoup de croix de cimetière où les marches ont été cachées par suite de l'exhaussement du terrain.

Deuxième étage : Socle carré par en bas, octogone par le haut, orné de moulures dans sa partie supérieure ; les faces, taillées au-dessus des angles du carré, sont empâtées de pyramides engagées.

Troisième étage : C'est la base de la colonne. Chaque portion verticale qui la compose a sa base particulière : sur la face occidentale, et appuyé sur le socle, s'avance un autel carré plus moderne, avec une croix de consécration. Pour établir cet autel, on a entaillé les bases et les pilastres du nord-ouest et du sud-ouest. Au milieu des faces, entre les contre-forts, s'élève de petits pilastres carrés à demi engagés et couronnés d'un chapiteau très-simple qui sert de console aux statuettes qui orne le quatrième étage.

Des dais, formés d'arcades en accolade et de petits pilastres à clochetons, abritent ces statuettes et servent de console au quatre statuettes qui composent le cinquième étage. A la hauteur des dais, les contre-forts se couvrent de moulures d'arcatures actuellement fort mutilées; peut-être s'amortissaient-ils en clochetons. Ce qui me le fait supposer, c'est que l contre-forts, qui prennent au-dessus, ont leurs bases à cette hauteur et ne s'arrêtent qu'au-dessus du sixième étage, avec larmier entre le cinquième et le sixième.

Les statuettes du cinquième étage sont abritées de dais moins riches que ceux qui sont au-dessous : ils n'ont que de simpl arcatures contre-courbées sans ornement; ils servent de support aux statuettes du sixième étage, dont les dais n'existent pl

Au-dessus, et formant le septième étage, est une croix moderne fort laide que j'ai supprimée dans ma gravure, par qu'elle dépare ce petit monument.

Les douze statuettes qui lui servent de décoration sont fort bien dessinées, admirablement drapées, et ne sont pas maniéré comme l'est ordinairement la sculpture du XV° siècle; on y voit encore un souvenir de la belle époque de l'art gothique m à un avant-goût de la Renaissance. Toutes sont debout, et aucune d'elles n'est nimbée.

Les quatre inférieures sont :

1° A l'ouest : homme barbu, un peu chauve, avec une touffe de cheveux sur le haut du front; les mains sont brisées, ai que les attributs qu'elles tenaient; les pieds nus indiquent un apôtre, saint Pierre, je crois; il est habillé d'une longue ro et d'un manteau, porté sur les deux épaules, sans agrafe.

2° Au sud : homme coiffé d'un grand chapeau orné, sur le devant, d'une coquille; barbe et longs cheveux, pieds nus, deux mains brisées : la droite tenait un bourdon; sur le même côté pend la panetière couverte d'une coquille. Longue rol recouverte d'un manteau, laissant l'épaule droite libre. Saint Jacques le Majeur.

3° A l'est : homme imberbe, longs cheveux, la figure mutilée, pieds nus; les mains et les attributs qu'elles tenaient s brisés; longue robe à ceinture et collet; le manteau est posé comme celui de la statue de l'ouest. Cette statuette est charma de grâce et d'élégance; les draperies sont simples et larges d'exécution : c'est, je crois, saint Jean.

4° Au nord : figure mutilée, pieds nus; elle tient à la main une croix de saint André, qui ne laisse aucun doute sur le n qu'on doit lui donner; la main droite tient un livre. La robe est fermée au cou par une agrafe, et le manteau est placé com celui de la figure de l'ouest.

Au second étage de figures on trouve :

1° A l'ouest : une statuette d'homme, dont la tête est brisée. Son costume se compose d'une longue robe qui desce jusqu'aux pieds, et d'une aube plus courte que la robe. La main droite paraît tenir un calice; la main gauche, un livre. manipule pend au bras gauche.

2° Au sud : tête brisée; même costume que le précédent; un manipule sur le bras droit; un gril du même côté. La m gauche, brisée, a dû tenir un livre ou une palme dont on voit encore les arrachements. Cette statuette doit être saint Laur ou saint Vincent, tous deux patrons de la paroisse.

3° A l'est : tête brisée; même costume que les précédents, et, de plus, un manteau placé comme celui de la figure qui au-dessous. La main droite est brisée; la gauche tient un long bâton, peut-être une crosse. La coiffure paraît être une mi

4° Au nord : une figure portant même costume et même attribut que celle du sud; un gril est à gauche, et la main dr porte une palme. Saint Vincent ou saint Laurent.

Au-dessus sont quatre statuettes de femmes, toutes avec une robe collante jusqu'aux hanches, et large et très-étoffée de les hanches jusqu'aux pieds. Par-dessus la robe est un ample manteau admirablement drapé. Les mains et les attributs figures du sud et de l'ouest sont brisés. La statuette de l'est tient une palme; et celle du nord, qui a une roue à ses pie est sainte Catherine. Ces quatre femmes doivent être des martyres.

La hauteur totale de cette croix, sans y comprendre la marche, est de 4^{m}40. Les statuettes du premier étage ont 0^m les suivantes, 0^{m}59 et 0^{m}50. Le diamètre du fût, à la hauteur des bases, est de 0^{m}48.

XVIII

Croix de carrefour à Floirac, canton de Carbon-Blanc (Gironde) (XV° siècle).

PLANCHE VIII, n° 2.

En même temps que les croix de Saint-Projet et de Marcillac, on élevait dans un carrefour de Floirac, près Borde une petite croix fort simple, mais d'une remarquable élégance; elle est encore entière et bien conservée. Elle est comp d'une croix très-simple, d'une colonne octogone dont le chapiteau est taillé en larmier à plusieurs moulures, et d'une base tout élevé sur un socle à peu près semblable à celui de la croix de Saint-Projet. Deux marches donnent de la hauteu de l'élégance à ce petit monument, situé à cent mètres environ à l'ouest de l'église.

XIX

Croix du cimetière de Saillans, canton de Fronsac (Gironde) (XVI° siècle).

PLANCHE VIII, n° 3.

Cette croix est, de toutes celles du département de la Gironde, la mieux conservée; elle se divise en trois parties distinc

1° Une base carrée enfouie dans l'herbe du cimetière, et sur laquelle est une table d'autel ;

2° Un fût rond sur lequel s'adossent des statuettes debout et des ornements ;

3° Une croix ornée de fleurons et de statuettes.

Le fût est divisé en quatre étages horizontaux séparés verticalement par quatre pilastres à clochetons montant jusqu'à la hauteur du quatrième étage, séparé des autres par une moulure saillante. Entre ces pilastres s'élèvent, dans l'étage inférieur, quatre colonnes dont les chapiteaux servent de consoles à quatre statuettes qui forment le second étage ; elles sont surmontées de dais, sur lesquels se dressent encore, dans le troisième étage, quatre autres statuettes. Celles-là représentent :

1° Au nord-est (la croix est orientée vers le solstice d'été), sainte Magdeleine, tenant dans la main gauche le vase de parfums, et dans la droite ses longs cheveux : c'est le moment où elle se prépare à parfumer les pieds du Christ.

2° Au sud-est, saint Antoine, tenant un marteau dans la main droite et une clochette dans la main gauche.

3° Au sud-ouest, sainte Catherine. Une couronne fleurdelisée orne sa tête ; sa main droite est armée d'une épée, et sa main gauche tient un livre. La roue, instrument de son supplice, est à ses pieds.

4° Au nord-ouest, saint Jean-Baptiste, couvert de son costume de poil de chameau ; il tient un agneau sur la main gauche.

Les statuettes supérieures représentent :

1° Au nord-est, saint Pierre, dont la tête est coiffée de la tiare ; il porte les clés.

2° Au sud-est, l'ange Gabriel, tenant une fleur dans la main gauche, et bénissant avec la droite.

3° Au sud-ouest, saint Paul, la main droite armée d'une épée.

4° Au nord-ouest, saint Michel est en cotte-de-mailles ; il tient le dragon enchaîné.

Entre saint Michel et saint Paul est un écusson sur lequel on lit 1543 : c'est la date du monument ; et cela prouve qu'au milieu du XVI° siècle, on faisait encore dans nos contrées des monuments en style du XV° siècle.

Ces huit statuettes se détachent presque complètement du fût de la croix.

Les symboles des Évangélistes, qui couvrent le quatrième étage, ne sont sculptés qu'en bas-relief.

Au-dessus, s'élève la croix proprement dite ; elle est très-élégante et couverte de riches ornements de la décadence gothique. Les extrémités des branches étaient ornées de larges fleurons en feuilles frisées encadrant une tête d'ange ; un seul de ces motifs est complet : les autres ont été en partie brisés. A l'occident est un crucifix ayant autour de la ceinture une simple bande d'étoffe ; ses pieds sont attachés avec un seul clou, et une tête de mort est au-dessous de ses pieds. A l'orient est saint Seurin, patron de la paroisse ; il tient une crosse dans la main gauche, et bénit avec la droite.

Si la croix proprement dite avait plus d'ampleur, ce monument, qui n'est que très-légèrement dégradé, serait un chef-d'œuvre de composition ; mais les statuettes qui en font la principale décoration sont dessinées de la façon la plus déplorable, et, sous ce rapport, il est bien inférieur à ceux de Saint-Projet et de Marcillac.

XX

Croix du cimetière de Nérijean, canton de Brannes (Gironde) (XVI° siècle).

PLANCHE VIII, n° 4.

Cette croix est la copie ou plutôt l'imitation à peu près exacte de celle de Saillans ; elle est certainement l'œuvre du même artiste, et porte la date de 1546.

Sa base, carrée, s'élève sur trois marches larges et hautes, ce qui donne au monument plus d'aspect et plus d'élégance ; malheureusement, la croix proprement dite a été remplacée par une croix en pierre faite par un maçon de l'endroit.

Les statuettes ne sont pas surmontées de dais, comme à Saillans ; pour les autres ornements, ils sont les mêmes, et disposés de la même façon : en haut du fût, les attributs des Évangélistes ; au-dessous, quatre statuettes : l'ange Gabriel, saint Paul, saint Michel, saint Pierre. Leur pose et leurs attributs sont les mêmes qu'à Saillans.

Les quatre statuettes inférieures sont sainte Magdeleine, sainte Catherine, saint Jean ; elles ressemblent à celles de Saillans. La quatrième est une sainte garrottée à un arbre par les pieds et les mains.

XXI

Croix du cimetière de Saint-Germain-la-Rivière, canton de Fronsac (Gironde) (XVI° siècle).

PLANCHE IX, n° 3.

Cette croix est de la même époque que celles de Saillans et de Nérijean. Si elle est moins riche qu'elles d'ornementation, elle est bien plus harmonieuse de forme. La croix, quoiqu'un peu lourde, est bien proportionnée au fût.

Le socle, de forme à peu près cubique, formé d'une seule pierre à peine taillée, surmonte deux marches qui étaient enfouies dans la terre lorsque j'en ai fait un dessin pour le *Magasin Pittoresque*, année 1846, p. 368. Sur ce socle s'élève un fût rond, flanqué de quatre pilastres carrés, avec bases et clochetons. Au milieu du fût s'avancent, entre les pilastres, quatre statuettes de forme allongée dans une niche recouverte d'une accolade.

Elles représentent : 1° sainte Catherine un livre dans la main droite ; la gauche repose sur une épée ; à côté d'elle une roue ; 2° saint Germain, patron de la paroisse, en costume d'évêque ; 3° sainte Magdeleine tenant le vase de parfums ; 4° saint Louis, roi de France, un des patrons de la paroisse ; il est couronné et tient un sceptre à la main.

Le fût est terminé dans sa partie supérieure par une calotte en forme de cloche, au-dessous de laquelle l'artiste a sculpté les Évangélistes sous leur forme symbolique. — Sur la croix sont représentés : du côté du couchant, le crucifix entre la Sainte Vierge et saint Jean, et du côté opposé, saint Michel terrassant le dragon.

Hauteur totale, sans les marches, 4ᵐ38; de la croix, 0ᵐ92; des niches, 0ᵐ50; de la colonne, 3ᵐ30; de la base, 1ᵐ00.

M. Dumas de La Roque, propriétaire à Saint-Germain-la-Rivière, vient de faire construire, d'après des dessins que je lui ai fournis, une croix de carrefour en style roman. Elle est située sur le bord de la route de Libourne à Saint-André-de-Cubzac.

XXII

Croix du cimetière de Saint-Sulpice-d'Izon, canton du Carbon-Blanc (Gironde) (XVIᵉ siècle).

PLANCHE VIII, nº 5.

Cette croix, que j'ai déjà gravée dans mes *Choix des types les plus remarquables de l'architecture au moyen âge dans le département de la Gironde*, et que je reproduis ici sous un autre point de vue, ressemble beaucoup à la précédente comme composition.

La croix proprement dite, plus maigre que celle de Saint-Germain, s'harmonise cependant, comme proportion, avec le reste du monument.

Le socle s'élève sur un palier hexagonal, composé de trois marches. Il est carré dans le bas et octogone dans le haut. Le fût ressemble à celui de la croix de Saint-Germain, avec cette seule différence, que les symboles des Évangélistes n'y sont pas figurés.

Les quatre statuettes sont : 1º saint Sulpice, en costume d'évêque; 2º saint Roch, un des patrons de la paroisse, avec son bourdon, son chien et l'ange; 3º saint Antoine, avec sa clochette, à peu près comme à Saillans; et enfin, saint Michel terrassant le dragon.

Sur la croix, assez semblable pour la forme et les ornements à celle de Saillans, on voit, d'un côté, une Notre-Dame-de-Piété, et de l'autre, un crucifix. Pendant la Révolution, cette croix ayant été jetée à terre, a été replacée plus tard sens-devant-derrière, c'est-à-dire, qu'on a tourné le crucifix du côté du levant, au lieu de le remettre en face du couchant, comme cela se pratiquait d'ordinaire sur les autres croix du moyen âge.

XXIII

Croix de carrefour à Saint-Sulpice-d'Izon, canton du Carbon-Blanc (Gironde) (XVIᵉ siècle).

Cette croix m'a paru trop peu intéressante pour être gravée; elle est située à 500 mètres environ au sud-ouest de l'église de Saint-Sulpice-d'Izon, dans un ancien carrefour qui vient d'être dénaturé. Elle doit être de la même époque que celle du cimetière, et faite probablement par le même artiste.

Sur un socle carré s'élève une base carrée surmontée d'une colonne octogone. Les angles de la base sont reliés par des boules aux faces de l'octogone. Une corniche sert de chapiteau.

La croix proprement dite est très-simple, mais ne doit pas être complète, car on voit, aux extrémités des bras, des trous qui ont dû servir à adapter des ornements.

A l'occident, est un crucifix avec nimbe crucifère et pieds attachés avec un seul clou. A l'orient, la Sainte Vierge debout porte dans ses bras l'enfant Jésus. Tout cela est d'un dessin très-ordinaire et fort dégradé.

Quoique peu remarquable, ce monument doit être conservé avec soin, car les croix de carrefour bien conservées sont fort rares.

XXIV

Croix du cimetière de Sadirac, canton de Créon (Gironde) (XVIᵉ siècle).

PLANCHE IX, nº 4.

Cette croix se compose d'un fût carré, flanqué de pilastres avec crochets et arcs en doucine. A l'ouest, s'ouvre, sous une accolade subquinquilobée, une petite niche actuellement vide. Le socle, carré dans le haut et le bas, a été épannelé dans le milieu, où il est octogone. Les angles du carré ont été réunis à la portion épannelée, par des demi pyramides.

Un pupitre en pierre s'appuie sur le socle, directement au-dessous de la niche, qui est tournée vers l'occident.

La hauteur totale est de 4ᵐ70.

XXV

Croix du cimetière de Mauriac, canton de Sauveterre (Gironde) (XVIᵉ siècle).

PLANCHE IX, nº 5.

Cette croix, haute de 3ᵐ25, se compose d'un socle carré, élevé sur un palier formé de trois marches, et d'une colonne divisée en trois portions horizontales, surmontées d'une petite croix moderne.

La première division, à commencer par en bas, se compose d'un socle carré, qui, arrivé à une certaine hauteur, devient octogone par le procédé employé dans les socles de toutes les autres croix déjà décrites.

La seconde division est une colonne ronde, cantonnée de quatre pilastres réunis par des arcs en doucine, sur l'extrados desquels rampent des crochets de feuilles frisées. Un des arcs est subbilobé, et l'autre est subtrilobé. Le premier, qui est à l'ouest, recouvre une statue d'évêque, mitré et crossé : c'est saint Saturnin, patron de l'église de Mauriac. Le bout de la crosse est formé de deux tiges tréflées. Le second, au sud-est, est une statuette d'évêque décapité; il tient une crosse, et sur sa poitrine est une niche carrée dans laquelle devait se trouver la tête : c'est saint Denis, dont le martyre est représenté sur un chapiteau, dans l'intérieur de l'église. A la hauteur des arcs s'avancent, sur les pilastres, quatre têtes; peut-être des anges.

Cette division est séparée de la troisième par une corniche formant chapiteau au-dessus des pilastres.
La troisième division est octogone. Quatre de ses faces correspondent aux pilastres, et les quatre autres aux niches. Sur les faces correspondant aux pilastres et au-dessus d'eux, sont des clochetons appliqués, garnis d'acrotères. Au sud, on trouve un écusson couvert de trois fleurs de lis, et au nord, un autre écusson couvert d'un lion rampant, armé et lampassé. La face orientale est complétement nue.

XXVI
Croix du cimetière de Saint-Aignan, canton de Fronsac (Gironde) (XVIe siècle).
Planche IX, n° 6.

Cette croix, qui n'a d'autre intérêt que celui d'appartenir à la dernière époque du style ogival, se compose d'un socle carré avec autel, d'un fût arrondi flanqué de quatre pilastres, entre lesquels, et dans la partie supérieure, sont sculptés quatre personnages fort mal dessinés. J'ai cru y reconnaître saint Pierre et saint Aignan, crossé et mitré. Les deux autres sont sans attributs ; enfin, le tout est surmonté d'une croix qui est, je pense, moderne, et sur laquelle s'avance une figurine fort laide.
L'église de Saint-Aignan est précédée d'un porche du commencement du XVIe siècle, recouvert en bois, et dont les poutres s'appuient sur trois piliers en pierre, couverts d'ornements de la dernière époque ogivale. Je ne connais pas d'autres porches de cette date dans le département de la Gironde, et c'est pour cela que je le signale ici.

XXVII
Croix du cimetière de La Sauve, canton de Créon (Gironde) non gravées (XVIe siècle).

Ce n'est que pour mémoire que j'indique ici les trois croix qui ornent les trois angles du cimetière de La Sauve. Je les ai décrites et gravées dans mon *Album de la Grande Sauve*.

XXVIII
Croix de carrefour à Cambes, canton de Créon (Gironde) non gravée (XVIe siècle).

Au canton de La Taste, entre Cambes et Saint-Caprais-de-Baux, s'élevait une croix de carrefour. Il ne reste plus en place que les deux marches formant un palier octogone ; le bas du fût, encore orné de sa base, sert de borne près d'une maison voisine. C'est le fragment qui m'a servi à fixer la date.

XXIX
Croix du cimetière de Saint-Pey-d'Armens, canton de Castillon (Gironde) (XVIe siècle).
Planche X, n° 2.

Cette croix, d'une rare élégance, appartient au commencement de la Renaissance. Elle s'élève sur un palier formé de quatre marches ; sa base est carrée, et chacun des angles est flanqué de colonnettes cannelées, qui s'appuient sur la plinthe et soutiennent la corniche. Quatre pupitres, dans le genre de celui de Sadirac, s'appuient sur le socle. Contre le fût arrondi s'appliquent quatre pilastres carrés entre lesquels sont deux étages de niches qui ont encore conservé l'ornementation ogivale. Les statuettes qu'elles recouvrent représentent, pour l'étage inférieur, à l'est : saint Paul avec l'épée ; au nord, saint Pierre et ses clés ; à l'ouest, saint Jean bénissant la coupe empoisonnée ; au sud, saint Jacques et son bourdon. Au second étage on voit : un évêque, à l'est, puis trois statuettes si frustes, qu'il m'a été impossible de les reconnaître ; l'une d'elles est armée d'une épée et une tête coupée est à ses pieds.
Au-dessus de ces figures, sont encore des sculptures tellement mutilées qu'on ne peut les distinguer.
La croix proprement dite est moderne. La hauteur totale est d'environ 4^m.

XXX
Croix du cimetière de Montagrier (Dordogne) (XVIe siècle).
Planche X, n° 3.

Cette croix paraît aussi remonter à la Renaissance, sauf la croix proprement dite, qui est moderne. L'ensemble de la composition diffère peu de celles déjà décrites dans le département de la Gironde. Le fût est orné de deux étages de statuettes, dont quelques-unes sont fort mutilées et sans attributs. En bas, on trouve un évêque avec un livre ; il est reconnaissable à sa mitre. Deux des autres sont mutilées, et je n'ai pu reconnaître la quatrième.
Des quatre personnages du haut, un est mutilé ; les trois autres ont pour attributs : celui du sud-ouest, une hache, saint Mathieu ; celui du sud-est, un livre ; celui du nord, un bâton.
C'est la seule croix de cimetière que j'aie pu découvrir dans le département de la Dordogne.

XXXI
Croix du cimetière de Samonac, canton de Bourg (Gironde) (XVIe siècle.)
Planche X, n° 4.

C'est un joli petit monument de la Renaissance, mais qui est dans un bien mauvais état. Il se compose de trois marches supportant un fût carré sur une base carrée. Ce fût a été brisé aux trois-quarts de sa hauteur, et remplacé, depuis ce niveau, par une croix moderne. Chaque face du fût est divisée en trois étages contenant chacun quatre petites statuettes fort détériorées, parmi lesquelles je n'ai pu reconnaître qu'un saint Nicolas.

XXXII

Croix du cimetière de Saint-Vivien, canton de Saint-Savin (Gironde) (XVIe siècle).

PLANCHE IX, n° 7.

Je reproduis ici la description de cette croix que j'ai donnée dans le *Bulletin monumental*, publié par M. de Caumont 16me volume, p. 165. « Dans le cimetière de Saint-Vivien se trouve une croix de la Renaissance assez remarquable.

Elle se compose de quatre parties : 1° la croix proprement dite ; 2° le fût ; 3° le socle ; 4° les marches.

La croix me paraît moderne et n'offre aucun intérêt ; elle est séparée du fût par quelques moulures ; celui-ci est à quatre pans, et offre sur chaque face deux niches plein-ceintre : en tout, huit, renfermant des statuettes.

A l'est : 1° saint Laurent avec son gril ; 2° une sainte, les mains jointes, à genoux sur un dragon à tête de taureau ; qui vomit du feu par la gueule : ailes de chauve-souris, griffes de lion et queue de serpent. (Sainte Marthe et la Tarasque ou sainte Marguerite et le dragon?)

Au nord : 1° une sainte martyre ; palme à la main droite ; de la gauche elle relève son manteau ; la robe est collante sur la poitrine et boutonnée jusqu'en haut ; un voile lui couvre la tête ; 2° une sainte qui, en outre de la palme, tient un livre.

A l'ouest : 1° saint Jacques : large chapeau, bourdon à la main droite, pieds nus ; 2° saint Jude, avec sa massue ; longs cheveux, pieds nus.

Au sud : 1° saint Simon, la scie à la main droite ; la gauche est levée ; longs cheveux, long manteau, pieds nus ; 2° saint Mathias, croix processionnelle, pieds nus. Ce fût est séparé du socle par quelques moulures. Le socle est octogone par le haut et carré par le bas ; sur les quatre côtés épannelés, pour former l'octogone, sont des sculptures assez bizarres : sur les faces nord-ouest et sud-ouest, des chimères debout, nues et ailées ; les têtes n'existent plus ; sur les faces opposées, des serres d'aigle.

Les quatre marches sont circulaires

Hauteur du fût, 1m39 ; du socle, 1m10 ; des quatre marches, 0m80.

XXXIII

Croix du cimetière de Dagnac, canton de Brannes (Gironde) non gravée (XVIe siècle).

Cette croix se compose : en partant du bas, de deux marches carrées, d'un socle octogone, d'une base de même forme d'une colonne avec de larges cannelures en spirale, dans lesquelles sont sculptées des roses ; d'un espèce de chapiteau formé de quelques moulures, et enfin, de la croix proprement dite.

Sur le pied de cette croix s'appuient quatre consoles à feuillages dans le goût des choux frisés du XVe siècle. Les deux consoles de l'est et de l'ouest ne supportent chacune qu'une statuette ; mais celles du nord et du sud en supportent deux placées dos à dos et dont la tête touche le dessous du bras de la croix. A l'est est un crucifix, entre la Sainte Vierge et saint Jean ; à l'ouest est un grand saint Christophe, patron de la paroisse, portant le Christ sur ses épaules : ce dernier est brisé on n'en voit plus que les pieds. A gauche de cette statue, au sud, par conséquent, est saint Jacques le Majeur, et à droite un personnage qui me paraît n'avoir pour tout vêtement qu'une simple ceinture autour des reins.

Les angles formés par le bras supérieur et les deux bras horizontaux sont remplis par des fleurs de lis, et l'extrémité du bras est ornée d'un fleuron ayant de l'analogie avec les roses qui couvrent la colonne.

Les détails de cette croix sont tellement couverts de lichen, qu'il m'a été impossible d'en faire un dessin exact, et j'ai cru devoir ne pas le graver.

XXXIV

Croix du cimetière de Courpiac, canton de Targon (Gironde) non gravée (fin du XVIe siècle.)

Cette croix appartient à la fin de la Renaissance. C'est une simple colonne cannelée, avec socle et piédestal sur trois marches. La croix est moderne.

Le socle est orné, sur chaque face, d'un bas-relief représentant les symboles des Évangélistes tenant des phylactères L'homme est remarquablement dessiné ; je ne peux en dire autant des autres symboles.

Au milieu de la colonne, du côté de l'est, s'élève, sur une console supportée par un Chérubin, une statue de saint Christophe, patron de l'église. Le chapiteau est formé par quatre Chérubins reliés par des guirlandes.

Les proportions de cette croix sont très-harmonieuses ; mais la croix primitive n'existe plus.

XXXV

Croix du cimetière de Cabara, canton de Brannes (Gironde) (XVIIe siècle).

PLANCHE I, n° 3.

Malgré sa colonne fuselée, cette croix ne manque ni de grâce ni d'harmonie ; le dessin des personnages est correct.

Les marches sont surmontées d'un socle, du milieu duquel s'élève une colonne fuselée, annelée et cannelée. Les cannelures ne partent que de l'anneau formant une espèce de couronne. Sur la portion du fût qui est au-dessous était un semé de fleurs de lis qui a été arasé pendant la Révolution. (J'ai rétabli les fleurs de lis dans ma gravure.)

Sur la croix s'avance, à l'ouest, un crucifix, et à l'est la Sainte Vierge, debout, les mains jointes ; les pieds sont appu sur le croissant de la lune, supportée par des nuages, du milieu desquels sortent la tête et les ailes d'un ange. Deux autres anges, qui paraissent voler et qui couvrent les bras horizontaux de la croix, soulèvent, d'un main, le voile de la Sainte Vierge, et de l'autre tiennent une couronne qu'ils déposent sur sa tête.

Cette composition est extrêmement gracieuse.

XXXVI

Croix du cimetière de Brannes (Gironde) non gravée (XVIIe siècle).

Une colonne torse cannelée, avec base surmontée de feuilles d'acanthe qui s'appliquent contre la colonne. Un joli chapiteau corinthien, supportant une croix dont les branches sont couvertes d'imbrications; un socle avec sa corniche, sa base et ses marches, telle est la croix du cimetière de Brannes, que je signale parce qu'elle ne manque pas d'une certaine élégance.

A partir de la fin du XVIe siècle, on ne trouve plus dans les cimetières, sauf de rares exceptions, que des croix sans ornements et sans caractère, et dans les églises, des croix de procession qui ne se distinguent que par leur mauvais goût, leur manque de style, et bien souvent par des ornements empruntés au paganisme. Celles d'ailleurs auxquelles on ne peut rien reprocher, ne supportent qu'un crucifix, et ne forment pas des tableaux complets comme celles du moyen âge.

Je sais combien le travail que je viens de faire est incomplet sous tous les rapports; mais je me croirai amplement récompensé de la peine qu'il m'a coûté s'il peut attirer l'attention des hommes sérieux sur les gracieux monuments presque ignorés qui ornent quelques-unes de nos cimetières, et préserver de la destruction quelques-unes de ces élégantes croix de procession qui s'harmonisaient si bien avec les autres ornements du culte et nos églises du moyen âge.

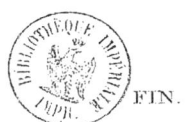 FIN.

TABLE DES MATIÈRES.

	Pag.
I. Observations préliminaires	1
II. Croix en cuivre émaillé du Musée de Bordeaux (XIIe siècle)	id.
III. Croix en cuivre émaillé de la collection de M. le Vte Alexis de Gourgues, à Lanquais (fin du XIIe siècle ou commencement du XIIIe)	2
IV. Croix en cuivre émaillé (XIIIe siècle)	id.
V. Croix en cuivre repoussé du Musée de Bordeaux (XIIIe siècle)	3
VI. Croix pectorale en cuivre de la collection de M. le Vte Alexis de Gourgues, à Lanquais (XIIIe siècle)	4
VII. Croix trouvées dans la porte des Tours, à Dôme (Dordogne), sculptures d'un soldat du XIIIe siècle	id.
VIII. Croix en cuivre doré du Musée de Bordeaux (XIVe siècle)	5
IX. Croix fleurdelisée en cuivre doré de la collection de M. Souriaux, à Bordeaux (XIVe siècle)	id.
X. Croix tréflée en argent repoussé de la collection de M. le Vte Alexis de Gourgues (XVe siècle)	6
XI. Croix fleurdelisée en argent repoussé appartenant à l'église de Carlipa (Aude) (XVe siècle)	id.
XII. Croix fleurdelisée en cuivre repoussé de la collection de M. Guillaume de Castelnau (XVIe siècle)	7
XIII. Croix fleurdelisée en cuivre repoussé dans l'église de Montagrier (Dordogne) (XVIe siècle)	8
XIV. Croix de cimetières et de carrefours	id.
XV. Croix de Barbot et de Gorget (XIVe siècle)	id.
XVI. Croix de la place Saint-Projet, à Bordeaux (XVe siècle)	9
XVII. Croix du cimetière de Marcillac (Gironde) (XVe siècle)	
XVIII. Croix de carrefour à Floirac (Gironde) (XVe siècle)	
XIX. Croix du cimetière de Saillans (Gironde) (XVIe siècle)	
XX. Croix du cimetière de Nérijean (Gironde) (XVIe siècle)	
XXI. Croix du cimetière de Saint-Germain-la-Rivière (Gironde) (XVIe siècle)	
XXII. Croix du cimetière de Saint-Sulpice-d'Izon (Gironde) (XVIe siècle)	
XXIII. Croix de carrefour de Saint-Sulpice-d'Izon (Gironde) (XVIe siècle)	
XXIV. Croix du cimetière de Sadirac (Gironde) (XVIe siècle)	
XXV. Croix du cimetière de Mauriac (Gironde) (XVIe siècle)	
XXVI. Croix du cimetière de St.-Aignan (Gironde) (XVIe siècle)	
XXVII. Croix du cimetière de La Sauve (Gironde) (XVIe siècle)	
XXVIII. Croix de carrefour à Cambes (Gironde) (XVIe siècle)	
XXIX. Croix du cimetière de Saint-Pey-d'Armens (Gironde) (XVIe siècle)	
XXX. Croix du cimetière de Montagrier (Dordogne) (XVIe siècle)	
XXXI. Croix du cimetière de Samonac (Gironde) (XVIe siècle)	
XXXII. Croix du cimetière de Saint-Vivien (Gironde) (XVIe siècle)	
XXXIII. Croix du cimetière de Dagnac (Gironde) (XVIe siècle)	
XXXIV. Croix du cimetière de Courpiac (Gironde) (XVIe siècle)	
XXXV. Croix du cimetière de Cabara (Gironde) (XVIIe siècle)	
XXXVI. Croix du cimetière de Branne (Gironde) (XVIIe siècle)	

FIN DE LA TABLE DES MATIÈRES.

Bordeaux. — Imp. Gounouilhou, pl. Puy-Paulin, 1.

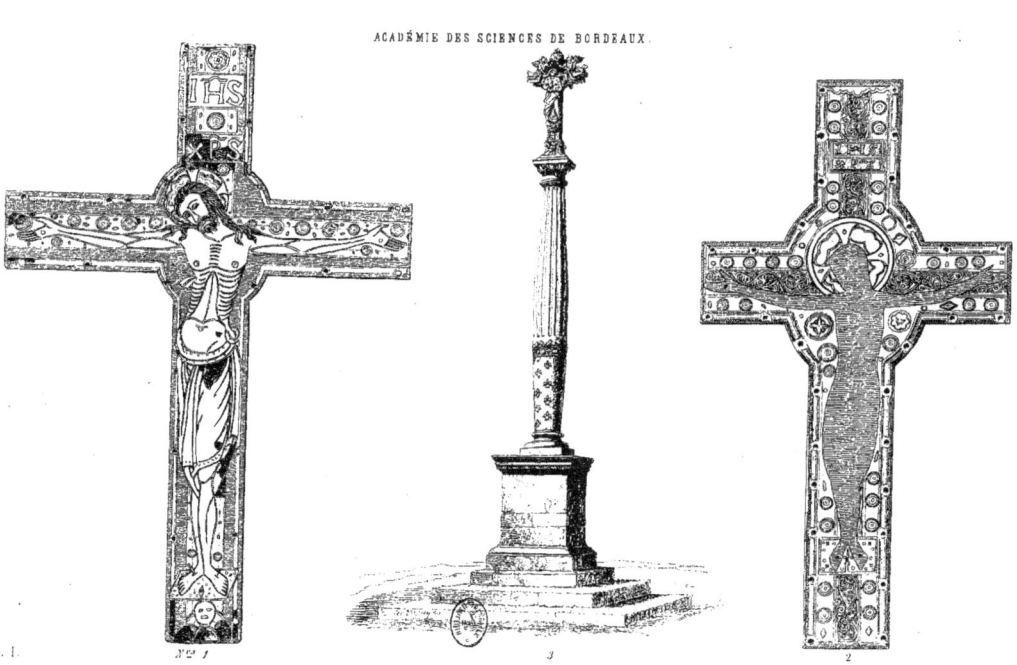

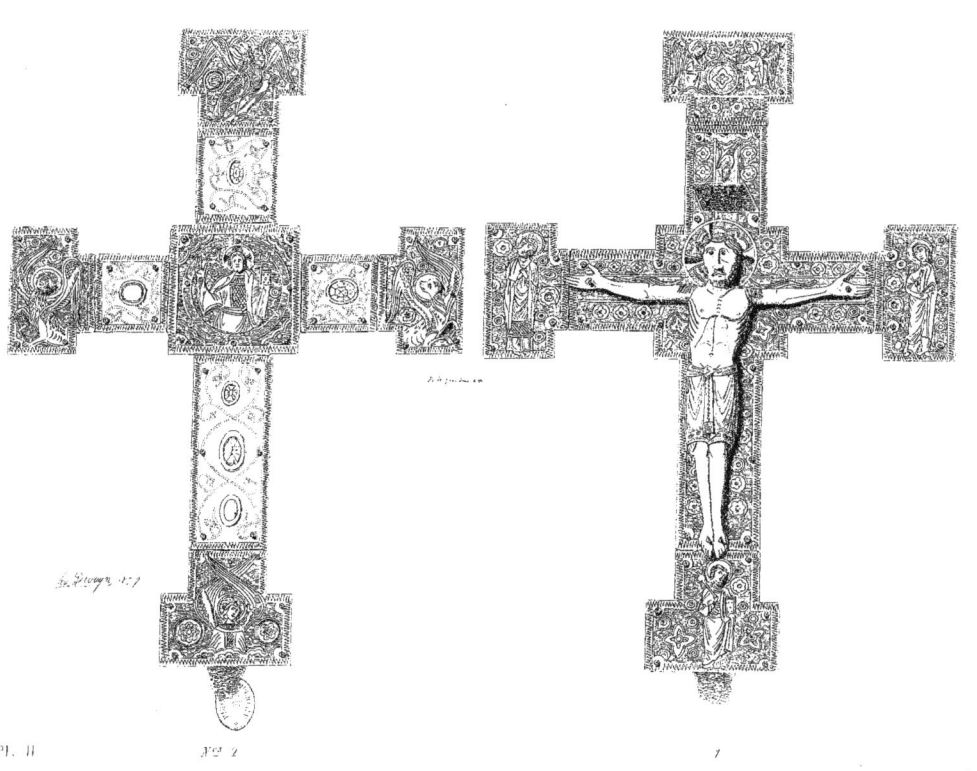

ACADÉMIE DES SCIENCES DE BORDEAUX.

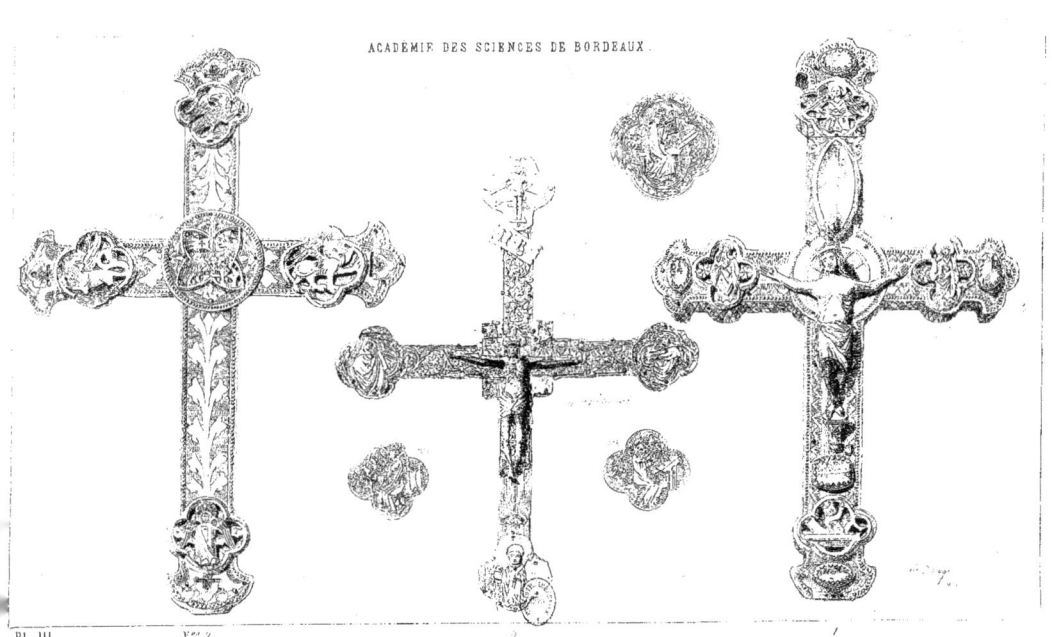

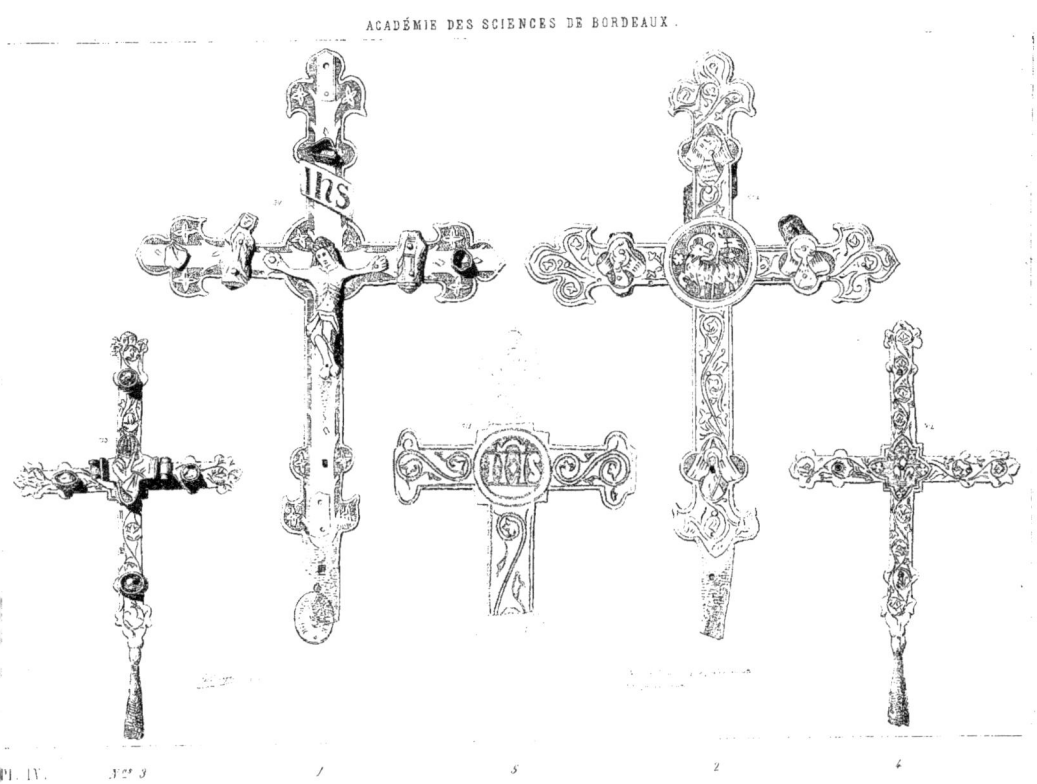

ACADÉMIE DES SCIENCES DE BORDEAUX.

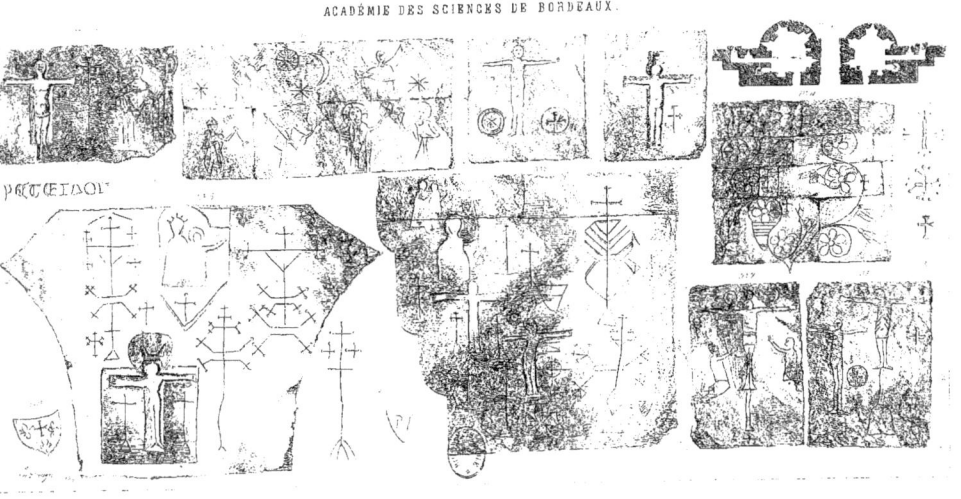

ACADÉMIE DES SCIENCES DE BORDEAUX.

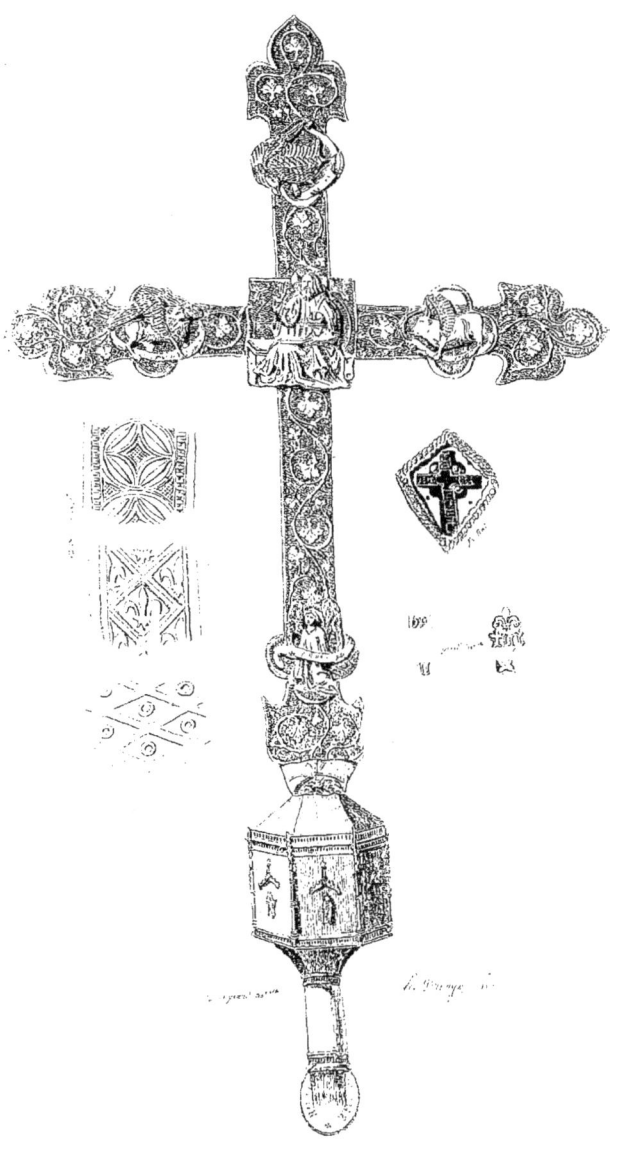

Pl. VI.

ACADÉMIE DES SCIENCES DE BORDEAUX.

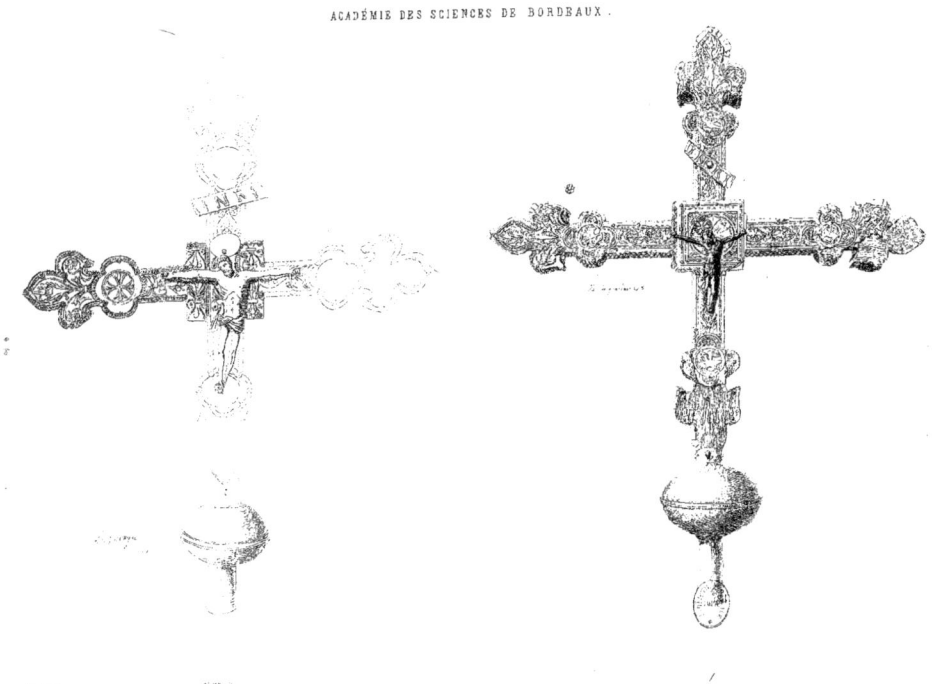

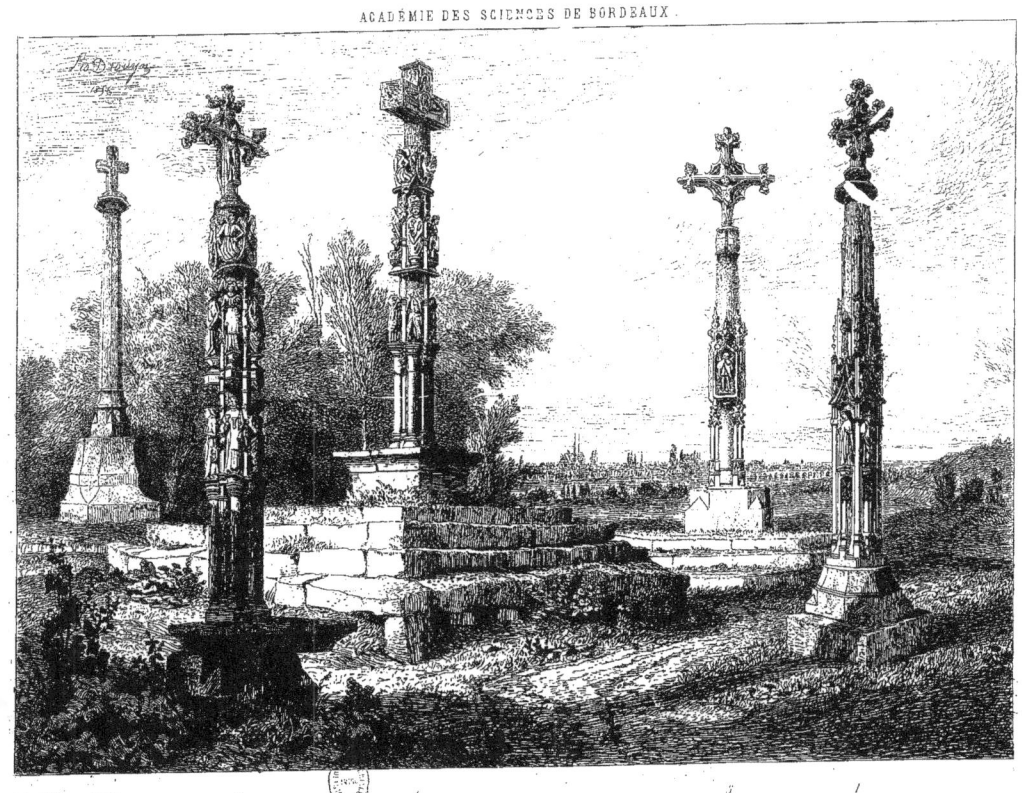

ACADÉMIE DES SCIENCES DE BORDEAUX.

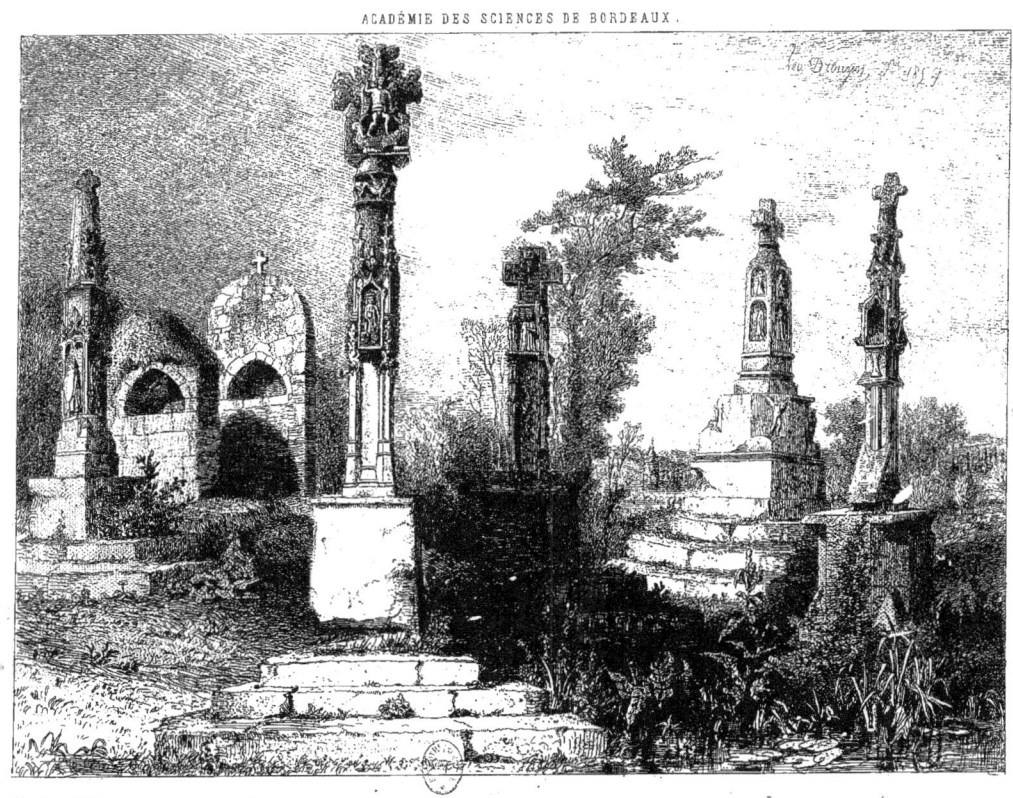

Pl. IX.

ACADÉMIE DES SCIENCES DE BORDEAUX.

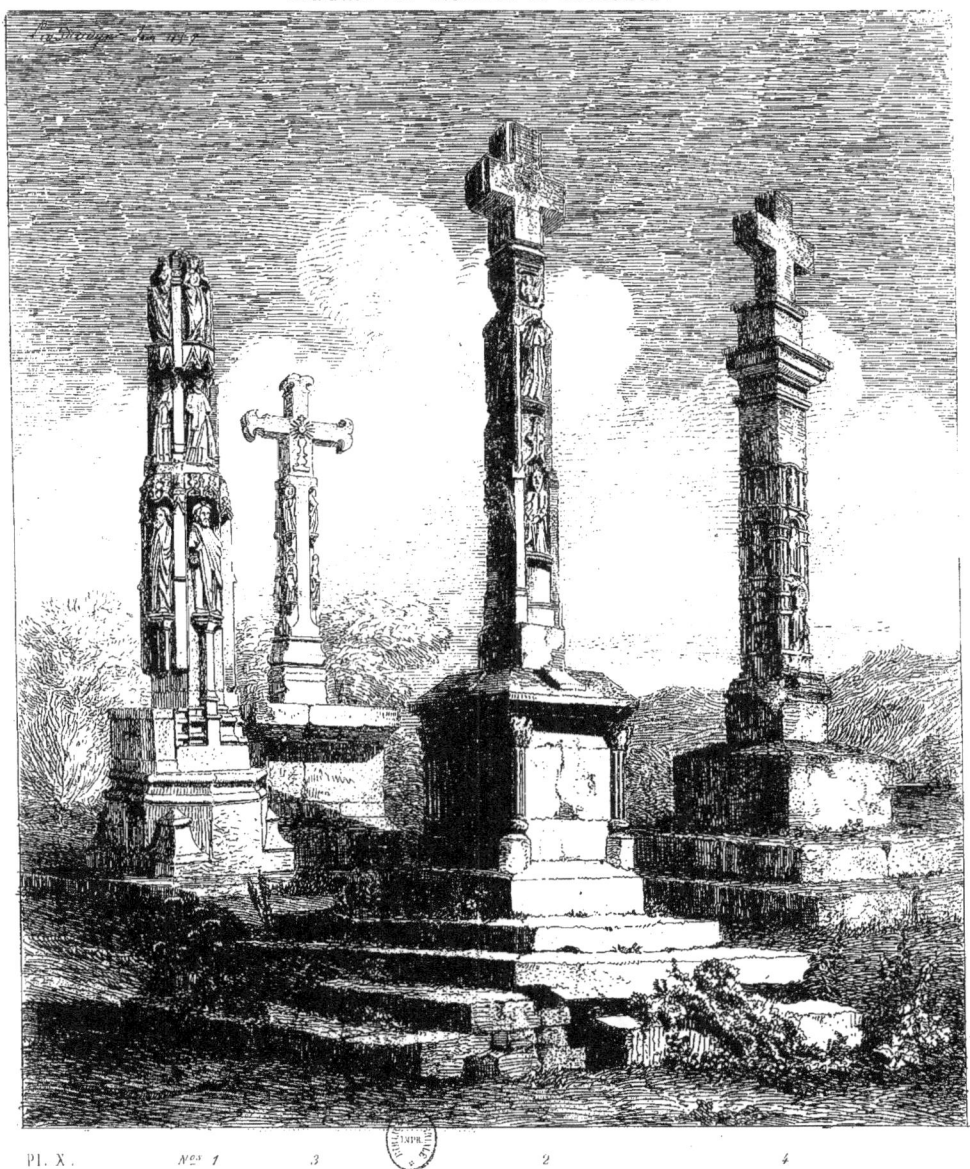

Pl. X.   N°s 1   3   2   4

www.ingramcontent.com/pod-product-compliance
Lightning Source LLC
Chambersburg PA
CBHW071203240526
45470CB00017B/1258